GOOD THINK

참치 좀 먹어 보고 맥주 좀 마셔본 뒤에

김동석

동원 참치로 대표되는 종합 식품 기업 동원F&B와 1등 맥주 카스로 유명한 글로벌 기업 오비맥주에서 영업인으로서 일할 수 있었음에 감사합니다.

동원F&B에서 근면과 성실이라는 직장인의 기본자세를 배울 수 있었고, 오비맥주에서 생각이 다른 다양한 사람과 소통하고 포용하는 법을 배울 수 있었음에 감사드립니다.

숨 가쁜 영업 현장에서 방향을 잃지 않고 꿈을 포기하지 않으며 배움을 게을리하지 않을 수 있었던 것에 감사합니다.

색깔이 다른 두 회사에서 30년 가까이 경험하고 배운 생각들을 정리하여 이렇게 책으로 출간하게 되었습니다. 지극히 개인적인 경험과 짧은 지식을 소재로 책을 내는 것이 조심스럽고 부끄럽기도 합니다만, 지금까지의 직장 생활을 돌아보고 남은 직장 생활, 나아가 남은 인생을 준비하는 마음으로 용기를 내어 책을 출간하게 되었습니다.

글을 쓰면서 지나온 시간을 되짚어 보고 앞으로 살아갈 날을 상상해 보았습니다. 또 30년이 흐른 뒤에 오늘과 같은 비슷한 후회를 하지 않기 위해서는 결과 앞에 더 낮아지고 사람을 더 사랑해야 한다는 생각이 듭니다. 이 책에 기록한 영업의 깨달음을 삶에서 실천하며 살아가길 다짐해 봅니다.

그리고 비록 다분히 개인적인 경험을 바탕으로 한 개똥철학이지만 영업을 새로 시작하는 직장인이나 직장을 마무리하고 인생 2막을 준비하는 분들에게 작은 저의 깨달음이 새로운 꿈을 설계하고 지난 시간을 돌아보는 이정표와 쉼터의 역할을 할 수 있기를 희망해 봅니다.

목차

직장 편

인생 편

직장 편

8　　　　　　　　　　　　　　　　　　　참치 좀 먹어 보고, 맥주 좀 마셔 보고

1.

이기려 하지 말고 얻는 것에 집중하라

모든 사람은 자신이 원하는 것을 얻기 위해 끊임없이 노력하며 살아간다.

누구는 돈을 얻기 위해, 누구는 명예를 얻기 위해, 누구는 사랑을 얻기 위해 애쓰고 노력한다. 가정에서, 학교에서, 직장에서 인간관계가 있는 곳 어디에서든지 자신이 원하는 것을 얻기 위해 쉼 없이 설득하고 행동한다. 때로는 강압적인 명령의 방식으로, 때로는 도와달라고 애걸하는 방식으로, 또는 상대방이 원하는 것을 주고, 자신이 원하는 것을 얻는 계약의 방식으로 원하는 것을 얻기 위해 노력한다.

우리는 매일 자기가 원하는 것을 얻기 위해 때로는 상대방을 설득하고 부탁하고 회유하고 협박하고 심지어 싸우기까지 한다. 네 살짜

리 어린아이는 갖고 싶은 장난감을 얻기 위해 울기도 하고 드러눕기도 하며 갖고 싶은 욕구를 표현한다. 연인의 마음을 사기 위해 선물 공세를 펼치기도 하고 매일 달콤한 메시지를 연구한다. 부모 재산을 상속받기 위해 맘에 없는 안부 전화를 의무적으로 하는 자식도 있고, 바쁘다는 친구를 불러내서 술 한잔을 하기 위해 온갖 회유와 협박을 하는 친구도 있다.

업무 현장에서도 마찬가지다. 지원 부서의 업무 협조를 좀 더 쉽게 얻으려 이메일의 인사말 한 줄을 고민한다. 상사의 승인을 받기 위해 온갖 자료를 끌어와 장황하게 설명을 늘어놓는다. 제품 하나를 입점해서 판매하기 위해 수많은 경쟁사 제품과 조건을 조사한다. 큰 건설 공사 수주를 따내기 위해서 긴 시간과 갖은 정성을 들여 로비하고 화려한 제안서를 만든다. 이처럼 우리는 모두 작든 크든, 매일매일 자기가 원하는 것을 얻기 위해 표현하고 노력하면서 살아가고 있다.

원하는 것을 쉽게 얻는 비밀 열쇠가 있다면 얼마나 좋겠냐마는 다양하고 복잡한 미로를 풀어내야 하는 인생사에서 원하는 것을 쉽게 얻는 만능열쇠는 없다. 단지 오랜 영업 경험을 통해 깨달은 것이 있다면 "싸워서 이기는 것은 승리가 아니다."라는 것이다. 오히려 양보

참치 좀 먹어 보고, 맥주 좀 마셔 보고

하고, 손해 보고, 당장은 지는 것 같은 선택이 결국은 원하는 것을 얻을 확률을 높인다는 것이다.

"엄마가 나중에 롱 패딩 사 주겠다고 약속해 놓고 왜 딴소리하는 거야? 지난 1월에 쇼핑몰 갔을 때 약속했잖아! 이제 와서 약속 안 지키면 어떡해?"

이렇게 소리 지르고 따지면서 엄마가 약속을 어긴 사실을 증명하는 것보다 더 중요한 것은 내가 원하는 롱 패딩을 얻는 것이다. 왜 약속을 어기느냐고 따지며 롱 패딩을 사 달라는 말보다 "이 롱 패딩은 너무 보온성이 좋고, 다리까지 덮어 주어 교복 치마를 입어도 춥지 않아요. 그리고 키가 커도 몇 년 더 입을 수 있고요. 지금 할인 판매도 많이 하니 이번 할인 판매 기간에 사야 이득이에요~~" 하고, 애교 부리며 부탁하는 것이 롱 패딩을 얻을 확률이 훨씬 높다.

영업 사원과 동행하다 보면 영업 사원이 거래처 담당자와 상담하는 것을 종종 보게 된다. 상당수의 영업 사원이 문제가 발생했을 때 자기 자신은 문제가 없고 거래처 담당자가 실수했거나 약속을 안 지켰다는 것을 증명하기 위해 많은 애를 쓰는 것을 목격하게 된다. 분명히 지난 미팅 때 약속했다는 것을 확인시켜 주기 위해 수첩 메모를 들추면서 고객사의 배신행위를 증명하려고 한다.

그러면 고객사 담당자는 약이 올라서 또 다른 핑계를 댄다. "음…. 생각해 보니 내가 지난주에 약속한 것은 맞는데, 우리 내부 사정이 변했어." 하는 식의 핑계를 대면 신사적인 것이고, 오히려 큰소리를 내며 쫓아 버릴 수도 있다. 분명히 논리적으로 싸워서 나의 정당함을 증명했을지라도 원하는 것을 얻지는 못한다.

이럴 때 상대방의 잘못을 지적하는 것보다는 "제가 기억을 잘못한 것 같습니다. 지난번에 이 부분을 도와주신다고 이해해서 회사에 이미 보고하여 준비가 진행 중인데…. 뭔가 방법이 없을까요?"라는 방식으로 이야기하는 것이 자신이 처음에 계획했던 것을 얻을 확률이 훨씬 높다.

문제가 발생했을 때, 그 문제는 상대방에겐 문제가 되지 않고 나에게만 문제가 되는 경우가 많다. 법정이 아닌 이상, 그 문제의 원인이 상대방에게 있다는 논리적 증명과 논쟁의 승리는 나에게 아무것도 남겨 주지 않는다.

논리적으로 이겨서 원하는 것을 얻을 수 있다면 싸워서 이겨야 하겠지만, 가정, 직장, 사람 간에는 싸워서 이긴다고 하여 반드시 원하는 것을 얻을 수 있는 것은 아니다. 사람은 누구나 부족한 점이 있고, 실수를 하는데 그 부분을 콕 집어내는 상대에게 좋은 감정을 가질 사

참치 좀 먹어 보고, 맥주 좀 마셔 보고

람은 없다. 겉으로는 이기는 것 같지만 결국 더 큰 것을 잃고 만다. 결론적으로 싸워서 이기는 것은 진정한 승자가 아니다. 싸우지 않고 얻는 것, 나아가 작은 싸움에서 졌지만 더 큰 것을 얻는 것이 진정한 승리이다.

"이기는 것이 아니라, 얻는 것에 집중하라."

"내가 이 상황에서 얻으려고 하는 것은 무엇인가?"에 집중하라.

얻고 싶은 것에 집중하면 이기기 위해 싸울 필요가 없다. 상대방이 졌다는 느낌을 받지 않을 때 당신은 더 많은 것을 얻을 수 있다. 그리고 내가 좀 진다고 느껴져도 그게 더 큰 것을 가져다줄 수 있음을 기억하라. 삶은 이기기 위해 싸우는 과정이 아니라 원하는 것을 하나씩 얻어 가는 과정이다.

2

51 대 49 협상 법칙

인생은 협상의 연속이다.

협상은 개인의 삶에서, 비즈니스 과정에서 다양한 형태로 이루어진다. 협상은 대화를 통해 갈등을 극복하고 자신이 원하는 것을 얻는 합의 과정이다.

여행 일정을 두고 가족끼리 의견을 나누는 협상도 있고, 납품과 판매 조건을 두고 이루어지는 기업 간의 협상도 있다. 반도체 지원에 관한 의제나 오염수 방류와 같은 국가 간에 이루어지는 역사에 기록될 중요한 협상 의제도 있다. 협상의 당사자는 자기 쪽에 유리한 조건을 관철하기 위해 노력하고 협상이 끝나면 누구는 협상에 승리했다고 생각하고 누구는 협상의 패자로 평가받는다.

특히 영업은 하루하루가 협상의 연속이라 할 수 있다. 고객사에 신제품을 입점하고, 프로모션을 기획하고, 가격 결정을 하는 등 영업 사원의 움직임 하나하나가 협상이다. 협상의 결과에 따라 개인, 회사의 목표 달성 유무가 결정되고, 영업 사원의 실력이 평가된다.

30년 가까운 기간 동안 영업 현장에서 수많은 의제로 협상해 왔다. 미팅 장소와 시간을 논의하는 가벼운 협상에서부터 수십억 단위의 연간 계약 협상을 진행하기도 했다. 협상 후에 "역시 최고의 협상가."라는 칭찬을 받았던 적도 있고, 퍼주기식의 형편없는 협상이었다는 혹평을 들은 적도 있었다.

그런데 시간이 지나고 돌아보면 최고로 평가받았던 협상 결과가 중장기적으로 독이 되어 돌아오는 경우도 많았고, 반대로 형편없는 협상이라고 질타받았던 협상 결과가 오히려 회사에 도움이 되는 경우도 수없이 경험했다.

이러한 경험을 바탕으로 내가 생각하는 최고의 협상은 '51 대 49' 법칙 협상이다.

51 대 49 법칙 협상이란, 이길 때는 51 정도로 이기고 질 때는 49 정도로 지라는 것이다. 쉽게 풀어서 이야기하면, 언뜻 이긴 것 같지 않지만 실제는 살짝 이기는 수준으로만 이기고, 지고도 큰 상처

없는 수준에서 지는 협상 결과가 제일 좋다는 뜻이다.

얼핏 보면 51 대 49라는 말이 이해가 안 될 수도 있다. 비즈니스 상황에서 원하는 것을 얻기 위해서는 협상에서 승리해야 하고 기왕이면 90 대 10 정도로 확실하게 이기는 것이 더 많은 것을 얻을 수 있다는 것이 일반적인 생각이다.

그러나 수많은 사례에서 90 대 10과 같은 압도적인 승리는 결과적으로 진정한 승리라고 할 수 없음을 보여 준다. 단기적으로 많은 것을 얻는 것처럼 보이고 느껴지지만, 깊숙이 들여다보고 장기적으로 살펴보면 일방적인 승리란 없다고 할 수 있다.

오비맥주 근무 시절 파업으로 인해 맥주 공급이 원활하지 않던 시절의 이야기다.

A 고객사 주류팀장이 회사를 방문하여 당시 지점장이었던 나에게 A 사에 맥주 공급 물량을 추가해 달라고 요청하였다. 맥주 생산량이 절대적으로 부족했던 시기에 타 고객사들이 배정받아야 할 물량을 모두 A 사에만 공급해 달라는 것이다. 해당 채널에 A 사뿐 아니라 B, C, D 등 쟁쟁한 경쟁 고객사들을 둔 나로서는 요청 수량을 100% 수용할 수는 없다고 대답하였으나 그는 막무가내였다.

비록 그가 매우 중요한 고객사의 주요 결정권자였지만, 그의 요구는 수용하기 어려운 수준이었다. 나는 회사의 생산, 재고 그리고 배정 기준을 데이터를 통해 설명하고, 문제가 심각한 지역과 브랜드에는 조금 더 공급량을 늘려 보겠다고 설득하려 했으나, 맥주 공급 부족에서 비롯된 점주와 소비자의 컴플레인에 스트레스가 극심했던 주류팀장은 계속해서 생떼를 쓸 뿐이었다.

그의 막무가내 협상에 질린 나는 회사의 기준을 지킬 수밖에 없다는 입장을 고수하며 추가 공급은 없다고 잘라 말해 버렸다. 문제가 발생한 지역과 브랜드만이라도 추가 공급하겠다는 최초 제안도 철회하고 숫자를 들이대며 회사의 입장만 반복했다. 그는 제조사의 상황을 고려하지 않고 100을 얻기 위해 협상했고, 나도 A 고객사의 어려움을 배려하지 않고 100을 지키기 위해 협상한 것이다.

그는 결국 빈손으로 돌아갔고 나는 정확한 논리와 근거로 다른 고객사들에 공급해야 할 물량을 지켰다고 위안하며 아무것도 뺏기지 않은 100을 지킨 협상이었다고 생각했다. 그러나 당시의 현안을 해결하지 못한 그는 이후 오랜 기간에 걸쳐 여러 면에서 당사에 100 이상의 손해를 끼치었고, 그 관계를 회복하기 위해 많은 희생이 뒤따라야 했다. A 사 팀장도 나도 51 정도를 이기려고 해야 했는데 압도적인 승리만을 생각하다 보니 참혹한 결과를 맞게 된 것이다.

참치 좀 먹어 보고, 맥주 좀 마셔 보고

"51을 이기는 협상을 하라."

외교상의 협상, 비즈니스 거래상의 계약, 개인 간의 사소한 거래를 포함한 모든 협상에서 한쪽의 완벽한 승리는 그 승리가 단기적이거나 피상적인 확률이 높다. 단기적으로는 분명 100 대 0, 90 대 10의 완벽한 승리이지만 시간이 지나면 패자의 반격을 맞을 수 있다. 또 겉으로는 완벽한 승리로 보이지만 깊숙이, 자세히 살펴보면 크게 얻은 것이 없는 껍데기 승리도 있다.

진정한 승리란 시간이 흘러도 승리의 결과가 줄어들지 않아야 하고, 깊게 들여다봐도 그 결과가 바뀌지 않아야 한다. 한쪽의 일방적인 승리는 진정한 승리가 되기 어렵다.

고로 진정한 승리는 51 정도로 승리하는 것이다. 51 승리는 가히 합리적이며 완벽한 승리라고 할 수 있다. 51 대 49 협상은 승자도 패자가 될 수 있고, 패자도 승자가 될 수 있다. 단기적인 90의 승리를 위해, 겉으로 보이는 80의 승리를 위해 협상하지 말고 51 정도 이기는 협상에 집중하자. 협상 상대가 압도적인 패배를 자각하고 복수의 칼날을 갈도록 만들지 말자. 49 정도로 진 협상이었으나 심리적으로는 51정도 이겼다고 느낄 수 있게 해야 한다. 양쪽 모두 승리하는 협상이어야 다음에도 양쪽이 모두 승리할 수 있다.

3.

딸기로 물고기를 낚을 수 없다

낚시 프로그램을 보는데 특이한 점이 눈에 들어왔다. '루어'라 불리는 가짜 미끼였다. 붉은색, 푸른색 등 색깔도 각양각색이었고 모양, 크기, 재질도 다양했다. 전통의 미끼인 지렁이와 떡밥보다 인공 미끼인 루어로 고기가 더 잘 잡힌다는 낚시꾼들의 평가가 이어졌다.

신기한 인공 미끼 루어를 보면서 실제 먹이와 인공 먹이를 착각하게 할 정도로 정교하게 만든 인간의 아이디어와 기술력이 대단하다는 생각과 함께 진짜 먹이와 가짜 먹이를 구분하지 못하는 물고기가 참 멍청하다는 생각이 들었다.

그리고 이처럼 물고기 하나를 잡기 위해서도 물고기가 먹이로 착각하고 물만 한 것에 대해 고민하고 거기에 맞춰 다양한 미끼를 만든 것을 보며, '사람의 마음을 잡기 위해서는 얼마나 더 정교하고 먹음직스러운 미끼가 필요할까?' 하는 생각을 해 보았다. 지능이 뛰어나지 않은 물고기를 잡기 위해서도 물고기 종류와 크기, 습성에 따라 맞춤형 루어가 필요한데 수백 배 복잡하고 예민한 사람의 마음을 잡기 위해서는 얼마나 더 정교하고 구체적인 정서적 루어가 필요할까?

최근 가정 내 부모와 자식 간의 갈등, 직장 내 세대 간 갈등이 급격히 증가하고 있는데 그 이유가 상대방을 고려하지 않고 자기 생각과 성향을 강요하는 데 있지 않은지 돌아봐야 할 필요가 있다. 직장에서, 가정에서의 인간관계가 여전히 지렁이와 떡밥을 강요하는 방식은 아닌지 살펴볼 필요가 있는 것이다.

우리 집 두 아이의 음식 성향은 완전히 다르다. 아들은 고기광이다. 소고기, 돼지고기 할 것 없이 고기만 있으면 다른 반찬은 필요 없다. 어린 딸은 오히려 탕, 찌개를 좋아한다. 해장국이나 추어탕이 있으면 밥 한 공기 뚝딱이다. 그래서 아내가 식사를 준비할 때는 두 아이의 다른 식성을 맞추기 위해 애쓴다.

문제는 아내 대신 내가 식사를 준비할 때 발생한다. 나는 주로 달걀을 재료로 하는 계란말이, 계란찜 요리를 자주 하는데 두 아이 모두 좋아하는 메뉴가 아니다. 특히 딸은 달걀 들어가는 음식은 일절 젓가락을 대지 않는다. 나로서는 애써 요리해서, 맛있게 준비한 음식인데 손도 안 대는 딸에게 서운하다. 반대로 딸로서도 계란 안 먹는다고 몇 번씩 이야기했는데 그걸 기억 못 하고 계란찜을 내놓는 아빠에게 서운하다.

그렇다! 계란말이, 계란찜은 내가 좋아하는 음식이지 딸이 좋아하는 음식이 아니고 아들도 즐겨 먹는 음식이 아니다. '내게 맛있는 음식이니 아들에게도 맛있겠지, 내가 좋아하는 음식이니 딸도 좋아하겠지.'라고 내 맘대로 생각하고 판단하고 그것을 맛있게 먹어 줄 것을 아들, 딸에게 강요한 것이다.

물론 이제는 아이들이 좋아하는 음식을 먼저 준비하고 내가 좋아하는 계란말이를 따로 준비하지만, 여전히 음식이 아닌 다른 영역에서 내가 좋아하는 것을, 내 경험을 강요하고 있을지 모르겠다.

하물며 가족 사이에서도 좋아하는 음식으로 차이가 나는데, 남남이 모여 일하는 직장에는 얼마나 다름이 크겠는가? 음식, 취미, 직장을 다니는 이유, 삶의 목표 등이 직원마다 각기 다른 모양이고 때로는 반대인 경우도 있다.

그런데 직장 생활을 하다 보면, 회사가 좋아하는 떡밥을, 상사가 맛있어하는 지렁이 미끼를 직장 구성원 모두에게 같은 수준으로 강요하는 상황을 만나게 된다. 더구나 그 음식은 못 먹는다는, 싫어한다는 이야기조차 할 수 없는 분위기인 경우도 종종 접하게 된다. 점점 개인의 성향이 세밀해지고 뚜렷해지는 시대에 하나의 통일된 방식과 과거 경험에 의존한 방식으로는 직원의 마음을 살 수 없다. 오히려 직원의 사기를 떨어뜨리고 급기야 회사를 떠나게 한다.

최근 조사에 따르면, 직원들이 회사를 떠난 이유 중에서 '근무 환경 및 기업 문화'가 높은 순위를 차지하고 있다고 한다. 요즈음 직원들은 개인의 사생활 보장과 개인이 존중받는 문화를 원하고 있는데, 여전히 많은 회사가 직원들이 좋아하는 메뉴를 읽지 못하고 과거 방식으로 그들에게 미끼를 준다.

승진이나 임금 인상이 직원들을 일하게 하는 미끼가 아닐 수 있는데 여전히 그것을 전면에 내세운다. 최근 젊은 세대는 승진을 통해 얻는 이익보다 승진에 따른 책임이 큰 상황을 부담스럽게 느낀다. 그러나 여전히 회사는 승진을 미끼로 사생활의 희생을 강조하고, 열정이라는 이름으로 개인의 선호를 무시하고 있다.

비즈니스에서도 이런 문제는 심각하다.

고객사와 소비자의 니즈보다 회사의 필요와 판단에 의존하여 신제품을 내고 마케팅한다. 고객사는 자신의 사업에 도움이 되는 제품과 판매 지원을 필요로 하는데, 회사는 자사 제품을 홍보하는 데에만 집중한다. 또한 소비자에게 와닿지도 않고 흥미롭지도 않은 상품을 기획하고 마케팅한다. 소비자가 원하는 것을 만들기 위해 노력하는 것이 아니라 회사가 만든 것을 소비자가 좋아하게 만들려고 한다. 자연스럽게 물이 흘러가게 하지 않고 물을 거꾸로 거슬러 올리려고 하는 심보다. 그 바탕에는 물고기가 물고 싶은 미끼가 아닌 회사가 이런저런 이유로 꽂아 놓은 미끼를 물고기가 물기를 바라는 안이한 생각이 자리 잡고 있다.

가족, 직원, 비즈니스 파트너, 소비자, 누구도 그들이 원하는 것을 주지 않고서는 그들의 마음을 살 수 없다. 자기 생각을 쉽게 드러내지 않는 직원들, 복잡하게 이해관계가 얽힌 비즈니스 파트너, 다양하면서도 쉽게 변하는 소비자의 마음을 사기 위해서는 과거의 지렁이나 떡밥과 같은 미끼로는 한계가 있다. 환경과 어종에 맞는 다양한 루어처럼, 관계와 개인 성향을 고려한 맞춤식 인간관계를 통해 사람의 마음을 사야 하는 것이다.

사람의 마음을 사는 맞춤 루어를 만들기 위한 두 가지 방법을 제안해 본다.

첫째는 상대방이 무엇을 좋아하는지 정확하게 파악하는 것이 필요하다.

사람의 마음은 평면이 아니다. 마케팅 분야의 소비자 선호 조사에 오류가 많은 것은 그런 이유이다. 몇 가지 질문과 과거의 그래프에 의존해서는 사람의 마음을 파악할 수 없다. 이처럼 복잡하고 빠르게 변하는 사람의 선호를 정확하게 파악하는 데 필요한 것은 '관심'과 '스킨십'이다.

사람의 마음을 얻기 위해서는 그 사람에게 관심을 가져야 한다. 그 사람이 지금까지 어떤 삶을 살아왔고, 하고 싶어 하는 것은 무엇인지, 어떤 것들을 좋아하는지 관심을 가지고 살펴봐야 한다. 그 사람에게 관심이 없는데 그 사람이 무엇을 좋아하는지 또 어떤 것을 싫어하는지 알 수 있겠는가?

나아가 그 사람에 대한 더 깊은 정보를 얻는 데 필요한 것은 스킨십이다. 공식적이든 비공식적이든 잦은 만남을 통해 상대방이 좋아하는 것을 파악하는 스킨십 시간이 필요하다.

두 번째는 상대방이 좋아하는 것에 '맞는 미끼'를 준비하는 것이다.

'구슬이 서 말이라도 꿰어야 보배'라고 하듯, 우리가 상대방이 좋아하는 것을 파악하는 이유는 원하는 것을 줌으로써 상대방의 마음을 얻기 위함이다. 상대방이 무엇을 좋아하는지를 아는 것은 정보에 불과하다.

그 정보를 바탕으로 행동이 뒤따라야 결과를 만들 수 있다. 딸이 무슨 음식을 좋아하는지 알았다면 그 음식을 준비해야 한다. 광어가 어떤 미끼를 좋아하는지를 알았다면 그 미끼를 준비해야 한다. 소비자 트렌드를 파악했다면 그 트렌드에 맞는 신제품과 마케팅 전략이 필요하다.

그래야 상대방의 마음을 살 수 있고 자신이 원하는 것을 얻을 수 있다.

사람이 좋아하는 딸기로는 물고기를 낚을 수 없다. 상대방의 마음을 얻고 싶다면 끊임없는 관심과 스킨십을 통하여 그 사람이 무엇을 좋아하는지 정확히 파악하라. 그리고 자기 경험과 고집을 내려놓고 상대방이 좋아하는 것을 주기 위하여 시간과 노력을 투자하라. 사람의 마음을 사는 것은 그 사람이 좋아하는 것을, 필요로 하는 것을 주는 것이다.

참치 좀 먹어 보고, 맥주 좀 마셔 보고

4.

영업의 언어로 말하고 듣기

영업인이 갖춰야 할 능력으로 손꼽히는 것이라면 단연 커뮤니케이션 스킬이다.

커뮤니케이션 스킬 중에서도 말하기와 듣기는 영업의 성패를 가르는 중요한 도구이다. 일상생활에서 말을 잘한다는 것과 영업 분야의 업무에서 말을 잘한다는 것은 조금 다르다. 그리고 영업에서 말을 잘 듣는 것과 다른 직업군에서 말을 잘 듣는 것도 조금 다르다. 영업 분야의 고유한 직업적 특성을 이해할 때, 영업인의 말하기와 듣기를 이해할 수 있고, 영업인과 대화에서 잘 말하고 들을 수 있다.

일반적으로 말을 잘한다는 것은 상황에 맞는 적절한 어휘와 문법을 선택하여 명확하고 간결하게 자기 생각을 전달하는 것을 의미한다. 그리고 잘 듣는다는 것은 상대방의 이야기를 주의 깊게 듣고 적절한 피드백을 하는 것을 의미한다. 이러한 일반적인 말하기, 듣기 원칙은 영업에도 예외 없이 적용되지만, 영업인의 말하기와 듣기에는 조금 다른 특성이 포함되어 있다.

대부분 영업 사원의 말하기 특징 중 하나는 '자신만의 단어'를 사용하는 것과 '두리뭉실하고 과장된 언어'를 사용한다는 것이다.

영업 사원이 자신만의 단어를 사용한다는 의미는 듣는 사람이 이해하지 못하는 단어를 자주 그리고 습관적으로 사용하는 것을 말한다.

15년 전 오비맥주에 처음 입사했을 때 동일한 사안에 대해 전에 근무했던 동원F&B와 전혀 다른 용어로 부르는 것에 적잖이 혼란을 겪었었다. 오비맥주에서는 영어 사용이 보편화되어 있어서 영어 단어를 직접 사용하거나 영어를 번역하여 사용하는 경우가 많았다. 대표적인 단어가 매장 내 제품 취급 여부를 지칭하는 취급률이라는 단어이다. 보통의 회사에서 취급률이라고 부르는 것을 오비맥주에서는 'Distribution'과 '사입률'로 부르고 있었다. 처음에는 무슨 말인지 이해를 못 했고 그 단어를 자연스럽게 사용하기까지 꽤 고생했던 기억이 있다.

참치 좀 먹어 보고, 맥주 좀 마셔 보고

또 프레젠테이션 도중에 기존 회사에서 입에 밴 '발주 종료'라는 단어를 사용하여 자료를 설명하던 중 '발주 종료'가 뭐냐는 질문을 받았던 적도 있다. 제품 취급 코드가 중단된 상황을 오비맥주에서는 'De-listing'이라는 단어로, 동원F&B에서는 '발주 종료'라는 단어로 서로 다르게 부르는 데 따른 혼선이었다. 아파트를 '고층 살림집', 스커트를 '양복 치마'라 부르는 북한 사람과 대화하는 느낌이라고 보면 이해가 쉬울 것이다.

문제는 이처럼 특정 조직에서만 사용하는 한정된 용어를 영업 사원은 고객사와의 상담에서도 표준어처럼 사용하는 경향이 있다는 것이다. 이는 상대방에게 대화가 잘 통하지 않는다는 느낌을 주게 되고, 결국 대화를 불편하게 느끼게 만든다.

또 영업 사원의 말하기 특징 중 하나는 상대방의 요청 상황에 대해서는 '두리뭉실'하게 대답하고, 자신의 요구 조건과 어려움에 대해서는 '과장'하여 설명한다는 것이다.

영업을 수행하다 보면 숙명적으로 거래처 요구 수준과 회사의 수용 수준의 차이에서 곤란한 상황을 만나게 되고 그 상황을 설명해야 한다. 예를 들어 거래처에서 A급 수준의 투자를 요구하며 그 조건을 수용하면 업무 협조를 하겠다는 상황에서, 회사에서는 투자 수준은 B급으로 하향시키되 기존과 같은 A급의 업무 협조를 얻어 오라는 지시를 하는 경우가 있다. 이럴 때 영업 사원 대부분이 투자 수준이 B 급으로 내려왔다는 것을 거래처에 설명하지 않거나 두리뭉실하게 말하는 경우가 많다. 그리고 자신이 받아야 할 조건에 대해서는 과장되게 설명한다.

거래처 담당자의 "A급 수준으로 투자가 가능한 거죠?"라는 질문에 "거의 확정되었습니다. 본부장님이 검토 중입니다."라는 식으로 수용할 것처럼 두리뭉실하게 말한다. 내부적으로 이미 A급 수준의 지원은 부결된 상태인데도 거래처와 대화 시에는 가능할 것처럼 두리뭉실하게 말하는 것이다.

반대로 자신의 상황이나 요구 조건에 대해서는 엄청난 과장을 포함하여 말한다. "이 문제가 해결 안 되면 전사적으로 큰 어려움에 빠진다. 몇 명이 책임을 지고 자리에서 내려와야 한다." "이번만 도와주시면 앞으로 무엇이든 다 해 드리겠습니다."와 같이 절체절명의 순간에 사용해야 할 표현을 수시로 사용하며 상황을 과장한다.

영업인들이 자주 사용하는 단어들을 살펴보면, '무조건', '절대로', '책임지고', '난리 났다. 큰일이다.'와 같이 과장되고 강한 단어들이 많다. 물론 강하고 과장된 말하기 방식이 효과적일 때도 있다. 그러나 그 효과는 오래가지 않을뿐더러, 다음번에는 그 과장이 더욱 강력해져야만 한다. 동시에 그 과장된 표현을 듣고 있는 상대방은 마음속으로 당신을 믿을 수 없는 사람으로 분류하고 있다는 점 또한 잊지 말아야 한다.

영업인의 듣기 역시 말하기와 유사한 특징을 보인다. 말하는 사람의 말의 숨은 의미를 깊게 생각하지 않고 자신에게 유리하게 판단하고 자신이 듣고 싶은 말 위주로 듣는다.

"쉽지 않지만, 검토해 보겠다."라는 거절의 말을 "검토해 보겠다."라는 긍정의 말에 방점을 찍고 듣는다. 말하는 사람은 거절의 의미로 한 말인데 듣는 영업 사원이 자신의 언어로 마음대로 해석하여 긍정의 말로 바꾸어 듣는 것이다.

그리고 상대방의 말에 크고 과장되게 반응한다. "대단하십니다." "최고입니다." "사상 최대의 결과가 기대됩니다."와 같이 상대방의 말에 과장과 오버를 포함하여 피드백한다. 상대방의 말에 맞장구치며 반응하는 것은 좋은 듣기 태도이지만, 그 반응이 과장되고 진심이 담기지 않으면 말하는 사람이 금세 그것을 알아채고 진심을 의심받게 된다.

어느 분야든 고유의 문화와 언어 습관이 있다.

법관에게는 법관의 언어가, 교사에게는 교사들의 언어가, 그리고 영업인에게는 그들만의 언어습관이 있다. 그리고 영업인의 고유한 언어 습관이 다른 분야의 언어보다 못하거나 잘못되었다고도 생각하지 않는다. 다만 더 효과적인 커뮤니케이션을 통하여 비즈니스를 성공적으로 이끌기 위해서 고객 중심의 말하기와 듣기 습관을 갖는 것이 필요하기에 그 방법을 제안하고자 한다.

영업 사원의 말하기와 듣기가 일반 사람의 말하기와 듣기와 가장 다른 점은 말하기 주제가 비즈니스와 관계가 있다는 점과 말하는 사람이든 듣는 사람이든 어느 한쪽에 더 강한 힘이 있다는 것이다. 쉽게 표현하면 갑과 을이라는 힘의 불균형 속에서 자신이 원하는 것을 전달하고 얻어 내는 커뮤니케이션을 한다는 것이다.

영업인의 말하기에서 주의할 것은 자신만의 언어 사용을 줄이는 것이다. 청자의 관점에서 듣기 편한 단어를 선택해야 한다. 자신의 회사에서만 사용하는 단어를 습관적으로 사용하다 보면 파트너는 자신을 배려하지 않는다고 오해하게 되고, 그것은 비즈니스에 도움이 되지 않는다.

그렇지만 언어는 습관이어서 입에 밴 단어를 고치기란 쉽지 않다. 그러나 영업 사원에게 말하는 것은 단순한 의사 전달이 아니라 비즈니스 성공 여부를 결정하는 중요한 요소이기에 언어 습관을 고치기 위한 노력은 비즈니스 성공을 위한 노력과 같다. 말을 시작하기 전에

참치 좀 먹어 보고, 맥주 좀 마셔 보고

자신만의 단어를 줄이고 청자의 단어를 사용하기 위한 노력이 필요하다. 자신만의 언어가 무엇인지, 그 언어가 고객의 관점에서 무엇인지 고민하고 말하기를 시작해야 한다.

오늘 내가 상대하는 비즈니스 파트너가 '사입률'을 '취급률'로 부른다면 "사입률을 증가시키기 위해 도움이 필요합니다."라고 말하는 것보다 "취급률을 높이기 위해 도움이 필요합니다."라고 말하는 것이 훨씬 효과적일 것이다. 말하기 전에 청자의 언어를 고민하고 주의 깊게 사용하면, 청자는 당신을 '대화가 통하는 사람'이라고 부를 것이다.

들을 때도 마찬가지다.

상대방의 말의 의미를 잘 판단해야 한다. 같은 단어이지만 서로 다른 의미로 사용하는 경우가 있다. "가만히 있지 않겠다."라는 말을 농담처럼 사용하는 조직이 있고, 한번 뱉은 말은 반드시 실행으로 옮기는 조직도 있다. 이 두 조직의 "가만히 있지 않겠다."라는 말의 의미는 완전히 다르다. 그러므로 말하는 사람의 단어, 뉘앙스, 습관 등을 자신의 기준으로 판단하지 말고 말하는 사람 기준으로 판단하는 것이 필요하다.

또 영업인이 공통으로 가지고 있는 '과장과 허풍'을 줄여야 한다.

말할 때도 과장과 허풍은 도움이 안 되고, 반응할 때도 과장과 오버는 도움이 안 된다.

말하기에도 힘을 빼고 듣기에도 힘을 빼자. 진실을 기반으로 담백한 말하기와 피드백이 필요하다. 그러기 위해 앞서 예로 든 '무조건', '절대로', '책임지고', '난리 났다. 큰일이다.'와 같은 강한 의미의 단어 사용을 줄여야 한다. 강한 단어를 사용한다고 해서 말하는 사람의 의지가 강하게 전달되는 것이 아니다. 오히려 담백하게 말하는 것이 더 효과적인 경우가 많다.

진실은 힘이 있고 담백함은 강하다. 듣고 난 뒤의 피드백도 마찬가지다. 과장된 리액션은 비즈니스에 크게 도움이 되지 않는다. 과장된 리액션에 당장은 미소가 나올지 모르지만 돌아서는 순간 "저 사람은 믿을 수 없는 사람이다."라는 평가를 내리게 된다. 리액션에도 진심이 담겨야 한다.

영업인에게 말하기와 듣기는 비즈니스를 성공적으로 이끌기 위한 중요한 수단이다.

비즈니스를 성공적으로 이끌기 위한 성공적인 말하기와 듣기는 역지사지하는 태도로 말하고 듣는 것이다. 청자의 입장에서 듣기 편한 단어를 선택하고 이해하기 쉽도록 명확하게 말하는 것이 필요하다. 그리고 말하는 상대방의 입장을 고려하고 말의 의미를 다시 한번 새겨 보는 것이 필요하다.

  말 한마디에 천 냥 빚을 갚는다는 말이 있다. 성공한 사람의 최고의
덕목으로는 경청이 꼽힌다. 잘 말하고 잘 듣는 것은 비즈니스의 기본이
자 가장 강력한 무기이다.

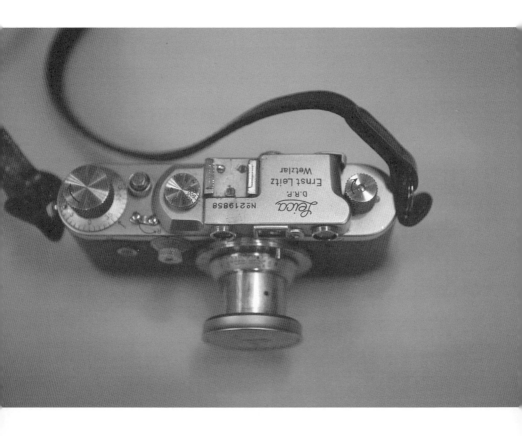

참치 좀 먹어 보고, 맥주 좀 마셔 보고

5.

어떻게 보일 것인가

외모가 경쟁력인 시대다.

많은 사람이 외모를 가꾸는 데 시간과 비용을 쓰고 있다. 그리고 더 많은 사람이 외모를 판단과 평가의 기준으로 사용하고 있다. 사람 뿐 아니라 상품도 패키징이나 디자인 등 보이는 것이 점점 중요해지고 있다. 또 보고서, 제안서와 같은 '내용'이 핵심인 분야에서도 겉으로 보이는 '모양'의 중요성을 절대 부인할 수 없다.

지금도 인기리에 연재되고 있는 〈외모지상주의〉라는 웹툰은 주인공의 외모가 바뀌면서 일어나는 에피소드를 소재로 하고 있다. 주인공 '박형석'은 뚱뚱하고 못생긴 외모 때문에 친구들로부터 따돌림과 구타를 당하는 등 루저의 삶을 살다가 어느 날 일어나 보니 갑자기 아이돌급 외모로 바뀐 자신을 발견하게 된다. 밤에는 루저의 외모로 루저의 행동을 하고, 낮에는 아이돌급 외모로 멋진 모습으로 살아간다. 뚱뚱하고 못생긴 박형석과 아이돌급 외모를 지닌 박형석은 외모를 빼고는 똑같다. 그러나 외모에 따라 자신을 대하는 친구들의 반응이 완전히 다르고, 자신조차도 마음가짐과 행동이 다르다.

임원 중 염색 시기를 놓쳐 흰머리가 듬성듬성하거나 뱃살이 벨트를 덮는 사람, 또는 구겨진 와이셔츠를 입은 사람을 본 적이 있는가? 나는 없을 것이라고 확신한다. 조직 사회에서 오랜 시간, 결과적으로 더 나은 자리를 차지한 이들이 본능적으로 실행하는 것이 바로 외모 관리이다. 잘생기고 예뻐야 한다는 의미가 아니다. 이 자리, 이 상황에서 상대가 기대하는 모습과 이미지를 충족시켜 주어야 한다는 뜻이다.

나는 하루에 만 보 이상을 걷기 위해 의식적으로 계단을 이용하고 점심 식사도 조금 더 멀리 떨어진 식당을 선택한다. 노화가 진행되면 뱃살이 두꺼워지는 것은 자연스러운 것이지만, 나의 상사와 부하 직원들, 고객사 파트너들은 그런 자연스러움을 드러낸 내 모습보다는 깔끔하게 갖춰 입은 정장 차림과 탄탄해 보이는 외관을 원하기 때문이다.

참치 좀 먹어 보고, 맥주 좀 마셔 보고

사람의 외모뿐 아니라 제품의 외모인 디자인이나 패키징도 제품의 본질 이상으로 중요해지고 있다. 많은 회사에서 제품의 본질인 성능, 품질, 맛의 개선 못지않게 디자인이나 패키징 차별화에 힘을 쏟고 있다.

2019년 출시 이후 빠르게 시장 점유율을 높여 가고 있던 경쟁사 '테라' 맥주의 인기를 차단하기 위해 오비맥주에서 선택한 카드는 1등 맥주 '카스'의 병 색깔과 디자인 변경이었다. 변화의 큰 축은, 맥주 품질 보호를 위해 전통적으로 사용되던 갈색 등 어두운 색상의 맥주병에서 탈피해 투명한 병으로 변경하는 것이었다. 최신의 기술을 활용하여 기존 맥주의 맛은 유지하면서 유니크하면서도 과감한 디자인 변경을 통해 카스 맥주를 더 신선하고 맛있는 맥주로 보여 주려는 전략이었다. 새롭게 탈바꿈한 카스는 소비자의 시선을 사로잡고 시장 점유율 상승이라는 결과를 만들어 냈다.

카스 맥주뿐만 아니라 런칭 시점부터 차별화된 패키징과 제품 디자인으로 소비자의 눈길을 사로잡은 제품도 많다. 페리에 하면 병 모양부터 번뜩 떠오른다. 아이폰, 다이슨 청소기 또한 제품의 디자인으로 소비자의 시선을 끈 대표적인 제품들이다.

프레젠테이션 역시 '보여 주기'의 순간이다. 동원F&B 재직 시절,

새로 출시된 즉석 어묵탕을 입점시키기 위하여 할인점 본사에서 프레젠테이션을 할 때이다. 디자이너의 도움을 받은 프레젠테이션 화면은 보기 좋았고, 텍스트 하나하나도 고심 끝에 채워졌다. 고객사의 로고를 넣느니, 텍스트의 크기를 키우니 하는 세세한 검토로 시간을 보내기도 했다.

그러나 정작 어묵탕의 입점을 결정시킨 것은, 고객사의 바이어들이 회의실에 들어오는 시간에 맞추어 끓고 있던 어묵탕이었다. 점심 시간을 얼마 남기지 않은 시간대에, 가스버너에서 끓어오르는 어묵탕의 짭조름한 향기는 바이어들을 감탄하게 할 수밖에 없었다. 이처럼 '보여 준다'는 것은 시각적 요소 외에도 다양한 연출이 가미되면 더욱 강력하다.

현재는 보이는 것에 따라 빠르게 판단하고 결정하는 시대다.

또한 긴 시간 교제하거나 깊게 사고하고 판단하는 것이 점점 줄어드는 시대다.

사람도, 제품도, 보고서도 단순하고 간결하고 짧고 쉽고 임팩트 있어야 한다. 사람의 참모습을, 제품의 우수한 품질을, 보고서의 다양한 정보를 알기도 전에 보이는 것에서 많은 것이 결정되는 시대이기에 좋은 사람이 되기 위하여, 좋은 품질의 제품을 만들기 위하여, 우수한 내용의 보고서를 만들기 위한 노력 이상으로 어떻게 보여 줄 것인가에 대해 고민하고 노력해야 한다.

"준비할 때부터 본질뿐 아니라 보여 주기를 같이 고려하자."

면접 내용을 준비하면서 복장을 같이 고민하자. 다양한 경험과 창의적인 아이디어를 강조하는 회사의 면접 자리에 검은색 정장 차림은 어울리지 않는다. 계약서, 보고서를 준비할 때 어떤 방법, 어떤 모양으로 보여 줄 것인지를 같이 고민하자. 보이는 방법과 모양이 어울리지 않는 내용이 서류에 담기지 않도록 미리 확인하자.

"시간, 장소, 상황을 고려하자."

멋진 정장 슈트가 어울리는 장소와 가벼운 청바지 차림이 어울리는 장소를 구분해야 한다. 또 공식적인 계약이나 보고를 할 때와 가볍게 아이디어를 나눌 때 준비하는 서류의 양식이 달라야 한다. 격식이 필요할 때 화려하거나 가벼운 양식의 서류는 그 내용의 값어치를 떨어뜨릴 수 있다.

아파트 외벽 페인트칠 하나에도 아파트 시세가 달라지는 세상이다.

사람, 상품, 서류의 값어치를 높이기 위해 본질에 집중하며 이를 어떻게 잘 보여 줄 것인가를 함께 고민하고 준비하자. 그리고 시간과 상황과 장소에 맞게 꾸미고 보여 주자. 같은 사람, 상품, 서류라 할지라도 어떻게 보이는가에 따라 그 값어치는 달라진다.

참치 좀 먹어 보고, 맥주 좀 마셔 보고

6.

첫인상이 실력

대인 관계에서 첫인상의 중요성은 두말하면 잔소리다.

우리는 첫인상을 통해 많은 것을 알 수 있고 많은 것을 결정한다. 면접이나 소개팅처럼 짧은 시간 이루어지는 만남에서의 첫인상은 말할 것도 없고, 장기적 비즈니스 관계에서도 첫인상의 효과는 크다.

처음 제시된 정보나 인상이 나중에 제시된 것보다 더 큰 영향을 미친다는 '초두 효과'와 어떤 대상이나 사람에 대한 일반적 견해가 그것의 구체적 특성을 평가하는 데 영향을 미친다는 '후광 효과'는 첫인상이 단순 대인 관계뿐 아니라 비즈니스에서도 큰 영향을 미친다는 논리적 뒷받침이다.

비즈니스로 만났던 많은 사업 동반자와 또 내부 직원과의 관계의 깊이와 두터움은 첫인상과 관계가 깊다. 또 그들과 만들었던 성과 역시 그들의 첫인상과 깊은 상관관계가 있었다.

20여 년 전 비즈니스 관계로 알게 되어 지금은 친구, 형제처럼 지내고 있는 A 씨와의 인연을 있게 한 것은 그의 호감 어린 첫인상이었다. 그를 처음 만났을 때, 그는 제품 취급 여부를 결정할 수 있는 절대적인 갑의 위치에 있었다. 그와의 첫 만남이 아직도 생생하게 기억난다. 신제품 샘플을 준비하고 잔뜩 긴장된 얼굴로 회의실에서 그를 기다렸다. 약속 시각에 맞추어 도착한 그는 생글생글 미소를 지으며 "식사하셨어요? 이거 하나 드세요."라며 초콜릿 하나를 쓱 내밀었다. 화사한 미소와 친절한 말 한마디에 긴장했던 마음은 눈 녹듯이 녹아내려, 준비해 간 내용을 자신 있게 설명할 수 있었다.

30분도 안 된 첫 만남에서 나는 그를 친절하고 배려심 많은 사람으로 판단하였고 나랑은 뭔가 잘 맞을 것 같다고 생각했다. 그 이후 그와의 비즈니스는 탄탄대로였다. 무엇보다도 내 마음속에서 그는 친절하고 배려심 많은 사람이기에 그의 제안이나 요구는 늘 합리적이고 타당하다는 '후광 효과'가 자리 잡고 있었다. 모든 방법을 동원하여 회사를 설득하여 그의 요구 조건을 맞추었고 그런 나의 지원은 그의 우호적인 협조로 다시 돌아왔다.

10년 가까운 비즈니스 동반자로서 서로 의지하였고, 비즈니스 관계가 끝난 후에도 좋은 친구로서 인간관계를 이어 오고 있다. 오랜 시간 좋은 비즈니스 관계를 유지하고 추억을 나눈 친구 관계까지 지속할 수 있었던 것은 첫 만남에서 받은 그의 부드러운 미소와 친절한 말 한마디로 만들어진 첫인상이었다.

반대로 안 좋은 첫인상으로 인해 같이 근무하는 동안 서로에게 전혀 도움이 안 되고 좋지 않은 감정만 있었던 B 씨가 있다. B 씨와의 첫 만남은, 오비맥주 입사 후 얼마 지나지 않았을 때였다. 상사의 추천으로 업무 협업 차원에서 그를 만났다. 주류 비즈니스 경험이 없던 나에게 그를 만나 도움을 받아 보라는 상사의 지시였다. 당시 C 할인점 비즈니스에 어려움이 있어서 해결 방법에 대한 조언이 필요한 상황이었다.

그런데 그를 만난 순간, 나는 기분이 좋지 않았다. 비딱하게 다리를 꼬고, 한껏 짜증 난 표정으로 그는 입을 열었다. "문제가 뭔데요? 바쁘니까 간단히 하시죠." 그의 첫마디였다. 간단히 문제를 설명하고 그의 대답을 기다렸다. "해결 방법이 없네요, 이건 저도 잘 몰라요." 언짢은 기분을 숨기며 그의 도움을 기대했던 나에게 그가 보내온 대답이었다. 평상시 같으면 더 대화를 이어 가며 이런저런 조언을 구했을 테지만 나는 바로 형식적으로 감사하다는 인사를 하고 B 씨와의 만남을 끝냈다.

세상 불만 다 가진 것 같은 짜증 섞인 표정과 냉소적인 말투, 비딱한 그의 자세에서 받은 그의 첫인상은 정말 최악이었다. 그런 그의 첫인상은 이후 업무 진행에 부정적으로 작용했다.

그가 도움을 청할 때 그의 안 좋은 첫인상은 업무에 안 좋은 '후광 효과'를 만들었다.

직접적으로 같이 일하지는 않았지만, 그에 대한 나의 피드백은 그의 첫인상에 맞게 냉소적이고 삐딱하게 이루어졌고, 다른 사람들 역시 그의 표정과 말투에서 느낀 좋지 않은 첫인상을 이야기했다. 그의 업무 역량과 상관없이 그는 동료의 지지를 받지 못하였고, 자연스레 회사의 평가도 좋지 않을 수밖에 없었다.

물론 첫인상으로 그 사람 전부를 파악할 수도 없고 판단해서도 안 된다.

그리고 시간이 흘러 첫인상과 전혀 다른 그 사람의 성품을 알게 되는 경우도 많다. 위에서 설명한 A 씨도 첫인상만큼 항상 친절하거나 배려심이 깊은 것만은 아니었고, B 씨도 매사에 냉소적이거나 부정적이지는 않았다.

그러나 확실한 것은 첫인상을 바꾸는 데에는 많은 시간이 필요하고 또한 바뀌기 어렵다는 것이다. 그리고 첫인상의 힘은 강하여 단순 이미지만 결정하는 것이 아니라 업무의 성과에도 직접적인 영향을 미친다는 것이다. 좋은 첫인상을 가진 직장 동료와 비즈니스 파트너는 일도 잘할 것이라는 후광 효과가 작용하여 적극적으로 협조하고 지원할 확률이 높다. 그래서 좋은 첫인상을 가졌다는 것은 인생이라는 경주에서 수십 걸음 앞에서 출발하는 것과 같은 힘을 가진다.

그러면 어떻게 하면 좋은 첫인상을 만들 수 있을까?

첫인상은 복장, 표정, 말투, 자세, 목소리, 눈빛, 그 밖에도 수많은 요소에 의해 복합적으로 결정된다. 첫인상이 결정되는 시간은 짧게는 몇 초, 길어야 몇 분 이내이다. 그 짧은 순간 결정된 첫인상이 때로는 평생을 가기도 하고 때로는 중요한 비즈니스에 영향을 미치기도 한다. 첫인상에 영향을 주는 수많은 요소를 모두 최상의 상태로 유지할 수 있으면 좋겠지만 사실 그러기는 쉽지 않다.

좋은 첫인상을 만들기 위한 가장 쉽고도 가장 중요한 요소를 꼽아보자면, '밝은 표정과 인사'이다. 우리가 사람을 만나서 처음으로 보는 곳이 상대방의 얼굴이고 처음 나누는 대화가 인사인데, 그 얼굴이 무표정하거나 인사를 하지 않는다면 첫인상이 좋을 리 없고 반대로 밝은 표정과 정중한 인사는 그 사람의 첫인상을 좋게 한다.

누가 웃는 얼굴에 침을 뱉고, 누가 인사성 바른 사람을 싫어하겠는가? 그러나 간단하고 쉬워 보이는 밝은 표정과 인사하기를 습관적으로 실천하기는 쉽지 않고 실제로 그 재능을 가진 사람도 드물다. 특히 자신의 기분이 좋지 않을 때나 상대방이 편한 상대가 아닐 때 밝은 표정을 하고 인사를 하는 것은 더 힘들다.

그러나 다시 강조하자면, 사람의 첫인상은 몇 초 만에 결정 난다. 그리고 밝은 표정과 예의 바른 인사는 좋은 첫인상을 만들어 준다. 좋은 첫인상만으로도 훌륭한 업무 성과를 만들어 낼 수도 있다. 첫 3초, 밝은 표정과 정중한 인사로 훌륭한 업무 실적을 만들 수 있는 스킬을 갖추어 보자.

참치 좀 먹어 보고, 맥주 좀 마셔 보고

참치 좀 먹어 보고, 맥주 좀 마셔 보고

7.

"언제 밥 한번 먹자."의 다른 의미

　개그맨 송은이와 김숙은 TV, 라디오, 팟캐스트 등 다양한 프로그램에 함께 출연하면서 단짝 개그맨으로 왕성한 활동을 하고 있다. 이 두 사람의 조합은 서로 다른 성향에서 나오는 다른 반응이 어우러진 묘한 매력이 있다.

　그중에서도 지인과 식사 약속을 잡는 방식은 서로 다른 성향의 대표적인 예라고 한다. 김숙은 모든 지인에게 "언제 밥 한번 먹자."라는 말을 진짜로 밥 먹듯이, 숨 쉬듯이 자주 한다고 한다. 그래서 그 말을 듣는 상대방들도 대부분 별 의미 두지 않고 가볍게 대답한다. SNS에서 '좋아요'를 누르듯 습관적인 가벼운 인사말이 밥 먹자는 말인 셈이다.

반대로 송은이의 식사 약속을 잡는 방법은 김숙의 그것과는 완전히 다르다고 한다. 매우 구체적이고 계획적이다. 밥 먹자는 이야기가 나오면 바로 상대방이 언제 시간이 가능한지를 확인한다. 그리고 본인 일정과 맞추어 본 다음, 가능한 지역, 메뉴까지 확인하고 바로 약속을 잡는다. 계획적이면서도 바로 실행으로 옮긴다.

이렇듯 식사 약속 잡는 것 하나도 사람마다 다르다. 직장 생활을 하다 보면 비슷한 상황에서 다른 행동과 반응을 보이는 다양한 사람과 일하게 된다.

지금까지의 직장 생활 동안 송은이, 김숙처럼 정말 성향이 다른 사람과 때로는 상사로, 때로는 부하 직원으로 함께 생활했다. 어떤 상사는 회의 며칠 전부터 회의 자료를 검토하고 질문을 준비하며 미리미리 챙기는가 하면, 마감 시간 직전에 업무를 몰아서 할 때 성과가 나오는 부하 직원이 있다. 상대방의 실수를 조금도 포용하지 않고 면전에서 혹평하는 상사가 있는가 하면, 다정한 성격과 뛰어난 언변으로 누구에게나 사랑받는 인싸 부하 직원도 있다.

내가 모셨던 상사 중에서 A 씨는 자기 기준대로 답을 정해 놓고 미팅을 진행하는 상사였다. 자기애가 강하고 군주에 가까운 리더십을 가진 그에게는 객관적인 자료나 다른 사람의 의견은 중요하지 않았다. 마치 영화 〈넘버 3〉에서 육상 3관왕을 현정화라고 우기는 송강호와 비슷했다. 자기 말이 무조건 맞고 어떻게든 본인의 생각과 논리를 관철시키는 성향으로 자기가 정한 답과 다른 의견이나 논리를 제시하는 사람을 극도로 미워했다(여기서 예스맨이 되는 것이 옳은가, 그른가는 논하지 않기로 한다).

만약 군주 리더십의 A 상사가 이미 정해 놓은 결론을 전달할 뿐인 회의실에서 공개적으로 "그건 근시안적인 접근이다!"라고 외친다면 과연 그는 어떻게 반응할까? 나의 말이 객관적으로 옳더라도 절대군주는 참수를 외칠 것이다. 그가 정한 답보다 더 조직에 도움이 되는 방향으로 그의 결정을 변화시키려면 우선 "이러이러한 부분에서 그 말씀이 맞습니다."로 시작하는 것이 나을 것이다. 이후에 비공개적인 자리에서 A 상사가 스스로 방향성을 바꾼 것으로 느끼도록 우회적으로 접근하는 것이 더 현명한 방법이라 생각한다.

영업 근무 기간 동안 A처럼 군주형 상사도 있었지만, 상사 말이라면 무조건 "맞습니다." 하고 맞장구치는 예스맨 부하 직원도 있었다. 그 직원은 아이러니하게도 B 상사 말에 옳다고 맞장구치고, B와 완전히 다른 의견을 제시하는 C 상사 말에도 즉시 "맞습니다."를 외치기도 했다. 이런 성향의 부하 직원에게 중요한 것은 내용이 아니고 상사에게 잘 보이는 것이다.

　상사 의견에 무조건 동의하는 부하 직원의 예스와 자기 생각을 좀 처럼 표현하지 않는 신중한 직원이 표현하는 예스의 무게를 달리 판 단할 줄 알아야 한다. 상사 비위 맞추기에 급급한 직원의 예스를 대 다수 사람의 의견으로 착각해서는 안 된다. 그 직원은 쉽게 생각을 바꿔 다른 의견에도 예스라고 대답할 수 있음을 유념해야 한다. 반면 에 자기 의견을 신중하게 표현하는 부하 직원의 예스에는 좀 더 힘을 얻고 자신감을 가져도 된다.

　다양한 성향의 동료와 오해 없이 그리고 이해하면서 업무를 하기 위해서는 무엇보다도 파트너의 성향을 빠르게 파악하는 것이 필요하 다. 파트너가 어느 포인트에서 화를 내고, 어떤 행동을 좋아하고 어 느 부분을 중요하게 생각하는지 유심히 살펴야 한다. 기한을 꼭 지키 는 계획적이고 책임감이 강한 파트너인지, "좋은 게 좋은 거지." 하 며 매사에 여유로운 성향의 소유자인지에 따라 나의 반응이 달라야 한다. 이모티콘 하나, 띄어쓰기 하나 신경 쓰는 파트너와 몇 개의 오 타는 미덕이라고 생각하는 파트너에게 전하는 나의 보고서 내용과 형식은 달라야 한다.

우리가 만나는 수많은 사람은 각자 고유의 성향을 가지고 있다. 그리고 그 성향을 바탕으로 말하고 행동하며 반응한다. 자신과 관계를 맺은 사람을 주의 깊게 파악하고 그 사람의 성향에 맞는 반응이 무엇인지 고민하고 실행하자. 또한 우리가 속한 조직 역시 고유의 조직 문화를 가지고 있다. 자신이 일하는 회사의 고유문화를 이해하고 그 문화에 맞게 행동하고 반응하자.

다만, 어떤 사람의 성향도 어떤 회사의 문화도 옳고 그름은 없다는 것을 덧붙이고 싶다. 내가 주변인들의 제각각의 개성으로 피곤하듯, 그들 역시 나의 개성 때문에 피로를 느끼고 있을 수 있다. 단지 다름이 있을 뿐이고 그 다름을 인정하고, 나에게 필요한 방식으로 맞추어 가는 것이 필요한 것이다.

참치 좀 먹어 보고, 맥주 좀 마셔 보고

8.

누구나 여전히 초보

오비맥주는 다양한 맥주 제품을 가지고 있다.

국민 맥주 카스 이외에도 버드와이저, 스텔라 아르투아, 호가든 등 수십 가지 수입 맥주를 취급한다. 수입 맥주 부문의 가정 채널 마케팅을 담당하기도 하면서 나는 맥주에 대해서는 어느 나라, 어느 회사 제품 할 것 없이 속속들이 잘 알고 있다고 자부했다. 그런데 10여 년 전부터 맥주 시장이 새로운 바람으로 들썩였다.

크래프트 맥주, 일명 수제 맥주라는 카테고리가 등장한 것이다. 이는 스스로 맥주에 대해서는 꽤 잘 아는 사람이라 자부하던 나에게 충격적인 변화였다. 맥주란 노란색의 쌉쌀한 술에 한정된 것이 아니었던 것이다. 빨간색의 맥주, 신맛과 짠맛을 내는 맥주, 심지어는 위

스키를 덧입은 맥주까지….

그러나 내가 더 놀랐던 것은 이미 업계의 젊고 앞선 친구들은 일부러 외국을 찾아다니면서까지 이 새로운 영역을 연구하고 개척해 왔다는 사실이었다. 결국 대한민국 최고의 맥주 회사에서 십수 년 '맥주 밥'을 먹었다는 나도 수제 맥주라는 새로운 제품군에서는 싱싱한 초보였던 것이다.

그렇다.

누구든지 처음에는 초보고, 어떤 분야에서는 여전히 초보다. 중화 요리의 대가 국민 셰프 이연복도 마찬가지다. 짜장면 배달을 시작하던 13살의 이연복은 모든 부분에서 완전 초보였을 것이다. 칼질에서도, 불 조절에서도 그리고 어쩌면 배달에도 생초짜였을 것이다. 이연복 셰프의 명품 요리 '동파육'을 생각하면 그의 초보 시절이 상상이 안 되지만 그가 고생했던 시절의 이야기를 들어 보면 처음부터 요리 대가가 아니었고 완전 초보 요리사부터 시작했던 것을 쉽게 알 수 있다. 그 초보 시절을 참고 견뎌 냈기에 지금의 중화요리 대가 이연복이 있을 수 있는 것이다.

회사 생활도 마찬가지다. 외국의 명문 대학을 졸업하고 각종 자격증과 몇 개 국어를 자유롭게 구사하는 언어능력을 갖춘 사람도 스캔

참치 좀 먹어 보고, 맥주 좀 마셔 보고

을 못 해서 복사기 앞에서 쩔쩔매게 되는 초보 신입 사원이 되고, 영업 현장에서 날고 긴다고 해서 본사로 발령받아 온 10년 차 직원도 본사의 업무 시스템에는 햇병아리가 된다.

요즘처럼 다양화되고 전문화된 조직에서는 같은 회사 내에서도 완전 다른 용어나 절차를 사용하는 경우가 많다. 생산이나 마케팅 부서에서 주관하는 회의에 참석할 때 "저게 무슨 말이야?"라는 말이 나올 정도의 생소한 용어를 만나기도 하고 반대로 영업의 환경을 전혀 이해하지 못한 초보 수준의 마케팅 전략이나 생산계획을 보는 때도 있다.

이처럼 한 분야의 전문가라고 평가받은 사람이 다른 분야에는 완전 초보인 경우가 다반사다. 그래서 우리는 어떤 분야의 전문가라는 평가에 대해 매우 신중해야 한다.

'어떤 학과나 일을 집중적으로 연구하여 그에 관한 지식이나 경험이 풍부한 사람'이라는 전문가에 대한 사전적 의미에서 관심 깊게 봐야 할 단어는 '연구하여', '지식', '경험'이라는 표현이다.

전문가라는 평가를 받기 위해서 우선은 그 분야를 집중적으로 연구하여야 한다.

생산 부문에 오랜 기간 근무하였더라도 내가 담당하는 반복적인 업무 이외의 지식이 없다면, 오랜 영업 경험이 있다고 하더라도 오랜 시간의 고민과 연구가 없다면, 그냥 오랜 경험이 있는 사람이지 전문가는 아니다. 오랜 기간 경험한 능숙함을 전문성으로 착각해서는 안 된다. 또한 그 익숙함을 전문성과 착각하여 우쭐대거나 다른 사람을 무시해서도 안 된다. 상대방 역시 다른 어떤 분야에서는 익숙하고 전문적인 사람일 수 있다.

"초보가 되는 것을 두려워하지 말자."

내가 잘하는 일, 익숙한 일만 하다 보면 복잡하고 다양한, 그리고 매일 변화하는 세상에서 좁은 공간에 갇혀 버리게 된다. 초보가 되는 것을 두려워하지 않을 때 진짜 전문가가 될 수 있다. 또한 이는 나이가 들수록 더 중요한 태도라고 생각한다. 새로운 것을 보면 물어보고, 찾아보자. 세상과 함께 변화하는 자가 더 나은 내일을 맞이할 것은 자명하다.

참치 좀 먹어 보고, 맥주 좀 마셔 보고

9.

지금 그 자리에서 얻어라

일명 '꿀보직'이라는 단어는 군대나 회사에서 모두가 하고 싶어 하는 편한 업무를 표현하는 말이다. 동원F&B, 오비맥주, 두 군데 회사에 근무하면서 우선 두 회사의 업무 강도가 크게 다르고 각각의 회사에서도 담당 부서, 담당 업무에 따라 일의 강도 역시 천차만별임을 경험했다.

내가 경험했던 두 곳의 회사를 포함하여 모든 조직에는 누워서 떡 먹기 수준의 꿀보직이 있는가 하면, 모두가 피하는 힘든 부서가 있다. 그런데 재미있게도 업무 난이도와 개인 능력이 직접적인 상관관계가 있지는 않다는 것이다. 실력이 출중하여 근무 환경이 좋은 회사에서 일하기도 하지만, 반대로 실력이 너무 뛰어나서 힘든 부서에서 일하기도 한다. 또 실력이 부족하여 환경이 안 좋은 회사에서 근무하기도 하고 반대로 꿀보직의 편한 부서에서 일하기도 한다. 이처럼 반드시 실력과 근무 난이도가 일치한다고는 보기 어렵다.

돌아보면 30년 가까운 직장 생활 동안 어느 한순간 힘들지 않았던 시간이 없었다.

첫 직장에서는 한때 "고혈압으로 쓰러지지 말고 살아 내자."가 목표였던 때도 있었다. 출근은 이르고 퇴근은 늦었으며, 영업 목표 수준이 매우 높았다. 당시 내가 담당했던 할인점 관련 업무는 바람 잘 날이 없었다. 회사의 기대 수준도 높았고, 고객사 요구 조건도 무리한 수준인 경우가 많아서 매일 크고 작은 사건, 사고가 생겼다. 높은 스트레스로 인해 깊은 잠을 못 잤고 목덜미가 돌덩이처럼 굳어서 돌아가지 않을 정도였다. 매일 새로운 이슈가 생기고 어려운 과제가 수없이 밀물처럼 밀려왔다. 그런데 돌이켜 보면 육체적 생존을 지상 목표로 삼았던 이 시기에, 나는 가장 많이 성장했다.

반대로 일명 꿀보직이라고 평가할 수 있는 낮은 난이도의 업무를 경험했던 적도 있다. 1년 정도 근무했던 A 지점 지점장 업무 생활은 '이렇게 편해도 되나.' 하는 불안감이 들 정도였다. 당시 직원들에게도 업무 난이도에 대한 내 생각을 몇 번 이야기한 적이 있었다. "우리 회사에서 이렇게 편한 부서는 없다. 그러니 우리는 주어진 일만 해선 안 되고 새로운 일을 찾아서 해야 한다."라는 내 말에 대부분 직원은 동의하지 않았고 오히려 불쾌하게 생각했다. 자신들이 담당하는 일이 절대 쉽지 않고 스트레스가 많다고 항변했다. 그들의 항변은 일부는 타당했고 일부 이해되는 면도 있었다. 우리는 모두 나의 경험에만 비추어 판단하기 때문이다.

그러나 어쨌든, A 지점 업무는 내가 경험한 업무 중에서는 업무 난이도가 가장 낮았다. 무엇보다도 영업 부서임에도 매출 목표 수준이 높지 않았고, 새로운 도전 과제가 많지 않았다. 해당 채널의 특성상 과다한 매출 목표를 부여하지 않았기에 목표 미달성으로 인한 스트레스를 받지 않았고 기존 거래처 관리 업무에 집중하면 되었기에 새로운 프로젝트 진행에 따른 관계의 어려움이나 빡빡한 시간 운영에 따른 어려움도 발생하지 않았다.

1년 정도 지점장 업무를 담당하면서 개인적으로는 편안함에 익숙해지지 않으려고 무진 애를 썼다. 출퇴근 시간을 타이트하게 유지하고 새로운 프로젝트를 제안하고 실행하면서 우리 지점의 성과를 보여 주는 데에 집중했다. 그리고 직원들에게도 더 힘든 일에 대비하여 스스로 업무를 찾고 부족한 업무 스킬을 보완해야 한다고 독려했다.

그러나 대부분 직원이 나의 이런 생각에 동의하지 않았다. 지금의 업무 수행 방식에 익숙해졌는데 무엇 때문에 시키지도 않은 일을 하고 지금 당장 필요하지 않은 업무 스킬을 배워야 하냐고 생각했던 것 같다. 그래서 나도 기존 업무 수행 방식을 유지했고 다른 부서보다 상대적으로 편안한 업무 환경을 유지했다.

그리고 나도 점점 그 편안함이 좋아졌고, '굳이 힘든 일을 찾아 할 필요가 있나?' 하는 생각이 들 때쯤 다른 부서로 발령이 났다. 아마도 더 오랫동안 근무했으면 나 역시 그 업무 분위기에 익숙해지고 그 업무 환경을 당연하게 생각했을 수 있다.

내가 A 지점을 떠나고 1년여 후에 A 지점은 해체되고 직원들은 몇 개 팀으로 흩어졌다. 굳이 지점을 유지해야 할 필요가 없다고 회사는 판단했고 그 근거에 업무 난이도가 상대적으로 낮은 이유도 있었을 것이다. 직원들은 각자 담당하고 있는 업무 특성에 맞게 다른 팀으로 이동하여 새로운 업무에 적응하면서 기존 A 지점보다 높은 강도의 업무에 적응하기 위해 애쓰고 힘들어하고 있다.

어느 조직이든 대부분의 사람이 가기 싫어하는 힘든 부서가 있고, 상대적으로 여유가 있는 꿀보직 부서가 있다. 앞에서도 이야기했지만, 실력이 있다고 반드시 편안한 부서에서 일하는 것도 아니고 실력이 부족하다고 해서 힘든 부서에서 일해야 하는 것도 아니다. 상당수가 우연히, 그리고 자신의 의지와 상관없이 그 일을 맡게 된다. 실력이든 우연이든 조직 생활을 오랫동안 하다 보면, 때로는 꿀보직이라는 포지션을 얻기도 하고, 반대로 이러다 죽겠다 싶은 업무를 담당하기도 한다.

꿀보직 업무를 하든, 죽기보다 힘든 부서에서 근무하든 우리가 기억해야 할 것은 "어떤 일이든 그 일에서 내가 더 발전해야 한다는 것이다."

꿀 보직 업무로 정신적인 여유가 있을 때는 "내가 이 업무를 한 단계 업그레이드시킬 수 있는 것이 무엇일까?"를 고민하는 것이다. 그러다 보면 자연스레 새로운 업무 스킬을 익히고 새로운 영역에 도전하게 된다. 객관적으로 꿀보직이라는 자리에서도 업무 스킬을 발전시켜 나가는 직원에 대한 회사의 평가는 당연히 긍정적일 수밖에 없다.

반대로 숨이 꽉 막힐 정도로 힘든 업무를 할 때 기를 수 있는 것은 '시간 관리와 커뮤니케이션 스킬'이다. 일이 한꺼번에 몰려올 때 우선순위를 정하고 효율적으로 시간을 사용하는 방법을 배워야 한다. 그리고 서로 목표가 다르고 처한 환경이 다른 업무 파트너와 부드럽게 소통하고 끝까지 경청하고, 지지를 끌어내는 방법을 배워야 한다.

지식과 기술의 유효기간은 점점 짧아지고 있다.

어떤 상황에서도 지식을 습득하고 기술을 익히지 않으면 조직 생활에서 뒤처질 수밖에 없다. 지금의 위치가 꿀이든 헬이든, 그 자리에서 배움이 있는 사람은 어떤 환경에서도 좋은 성과를 만들 수 있고 더 나아가 자기가 일하는 환경을 꿀보직으로 바꿀 수 있다.

참치 좀 먹어 보고, 맥주 좀 마셔 보고

참치 좀 먹어 보고, 맥주 좀 마셔 보고

10.

리더십은 과정인가, 결과인가?

"리더십을 발휘해 주세요."

"강력한 리더십이 필요합니다."

어려운 도전 과제를 받거나 힘든 문제에 직면했을 때 조직은 각 그룹의 리더에게 리더십을 요구한다. 리더십을 발휘해 달라는 말은 좋은 결과를 만들어 달라는 의미다. 조금 더 직설적으로 표현하자면, '리더십'이라는 단어를 강조하지만 현재의 상황이야 어떻건 좋은 결과를 만들어 달라는 요구인 셈이다. 물론 좋은 리더가 훌륭한 리더십을 발휘해서 뛰어난 결과를 만들어 내는 것이 최상의 리더십의 모습이다. 하지만 좋은 리더십이 반드시 좋은 결과를 만드는 것은 아니고 또 반드시 좋은 결과 뒤에 좋은 리더가 있는 것도 아니다. 그러기에

리더십은 결과를 떼 놓고 논하기 어렵지만, 결과만으로 리더십을 평가하는 것도 지양해야 한다.

스포츠 세계에 위대한 리더의 성공 신화가 많다.

유독 스포츠 분야에 위대한 리더가 많이 나오는 것은 아마도 승패가 극명하게 드러나는 결과 중심의 특성과 관련이 있을 것이다. 중요한 대회 우승이나 극적인 역전승과 같은 위대한 결과 뒤에는 그 결과를 만들어 낸 훌륭한 리더의 성공 스토리가 자연스럽게 연결된다. 마치 위대한 승리 뒤에는 반드시 훌륭한 리더가 있어야 하는 것처럼 감독의 리더십 스타일을 분석하여 홍보한다.

훌륭한 리더로, 명지도자로 평가받는 감독들을 살펴보면 모두 훌륭한 결과를 만들어 냈다.

2002년 월드컵에서 한국 축구를 첫 4강으로 이끈 히딩크 감독, 두산과 야구 국가 대표 감독으로 여러 번 우승과 결정적인 승리를 만들어 낸 김인식 감독, 2022년 카타르 월드컵에서 16강 진출을 이루어 낸 벤투 감독 등은 대표적으로 훌륭한 리더십을 갖춘 최고의 감독으로 평가받고 있고, 모두가 최고의 결과를 만들어 냈다.

그런데 아이러니하게도 이들의 리더십은 그들이 훌륭한 결과를

참치 좀 먹어 보고, 맥주 좀 마셔 보고

만들어 내기 전까지는 언론과 팬들로부터 끊임없는 공격의 대상이었다. 히딩크 감독은 2002년 4강 신화를 만들기 전까지는 '오대영'이라는 치욕스러운 별명과 함께 한국 축구를 제대로 파악하지 못한 독선적인 리더로 언론의 끊임없는 공격의 대상이었다. 또 2번의 우승과 4연속 포스트 시즌 진출의 결과를 만들어 낸 두산 감독 시절의 김인식 감독은 믿음의 리더십, 형님 리더십으로 불리며 최고의 리더로 평가받았지만, 성적이 좋지 않았던 한화 감독 시절에는 투수 혹사 및 노장 위주의 팀 전술 등으로 인해 변화에 적응하지 못하는 감독으로 혹평을 받았다.

벤투 감독 역시 마찬가지였다. 빌드 업 위주의 전술 고집, 이강인 등 개인기가 뛰어난 선수 미등용과 같이 고집스러운 팀 운영으로 끊임없이 언론과 팬들로부터 공격을 받았으나 16강 진출 이후 그의 고집은 뚝심의 리더십으로 재평가를 받았다.

세 감독 모두 최고의 결과를 만들었을 때 최고의 리더로 평가받았고, 패배와 실패라는 좋지 못한 결과를 만들었을 때 그들의 리더십은 공격받았다. 리더십의 본질은 비슷하거나 같더라도 결과에 따라 그 평가는 크게 다르게 평가받았다.

그렇다면 훌륭한 결과를 만들어 내는 리더는 모두가 좋은 리더십을 갖춘 훌륭한 리더일까?

반드시 그렇다고는 할 수 없다. 특별한 팀 운영 철학이나 작전 능력을 갖추고 있지 않고도 뛰어난 실력을 갖춘 선수 덕분에 상위권의 성적을 유지하는 스포츠 지도자도 있고, 업무 전문성이나 직원들에게 존경받지 않으면서도 외적 경제 환경의 변화 등 운이 좋아서 좋은 실적을 거두는 회사 상사도 있다.

한국에서는 '돌버츠'라는 별명으로 불리는 미국 프로야구 LA 다저스의 로버츠 감독은 커쇼를 비롯한 올스타급 선수 덕분에 자신이 가진 리더십보다 더 좋은 결과를 만들어 낸 대표적인 스포츠 지도자이다.

그리고 2012년 카스 맥주가 시장 점유율 1위를 탈환할 때 오비맥주 내에서 다수의 리더가 자신의 리더십을 1위 탈환 이유로 홍보하고 자랑했다. 그렇지만, 당시 카스 맥주가 맥주 부분 1위 탈환이라는 뛰어난 결과를 만들어 낸 것은 뛰어난 리더십이라기보다는 꾸준히 젊은 맥주를 강조했던 카스 브랜드 마케팅 전략과 소맥 문화의 확산이라는 트렌드 변화에서 이유를 찾을 수 있다. 리더십을 1위 탈환 이유 중 하나로 이야기할 수 있지만, 전적으로 그 리더십 때문에 맥주 시장 1위를 탈환했다고 평가하는 것은 무리가 있다는 것이다.

좋은 결과는 평범한 리더도 좋은 리더로 포장할 수는 있지만, 평범한 리더는 좋은 결과를 계속해서 만들어 내기 어렵다. 분명 리더십은 결과와 분리해서 생각할 수 없고, 좋은 리더는 훌륭한 결과를 만들어 내는 사람임이 분명하다. 그렇지만 좋은 결과를 만들어 내는 리더 모두가 좋은 리더는 아니다.

진정한 좋은 리더란 "좋은 과정을 관리하면서, 좋은 결과를 만들어 내는 사람이다." 과정을 관리하는 자신만의 철학이 있어야 하고 그 철학을 바탕으로 일관되고 논리적인 대안 개발을 할 수 있어야 한다. 그리고 꾸준한 자기 계발을 통해 팀원을 성장시킬 수 있어야 한다. 그리고 자신의 철학에 바탕을 둔 자신의 목소리로 소통하고 그 소통을 통해 팀원을 움직이고 그 움직임을 통해 조직이 기대하는 결과를 만들어 내야 한다. 리더의 확고한 철학이 바탕이 된 과정 관리만이 꾸준한 좋은 결과를 만들 수 있다. 그리고 그러한 리더십이 과정과 결과를 아우르는 진정한 리더십이라 할 수 있다.

참치 좀 먹어 보고, 맥주 좀 마셔 보고

11

얼마나 열심히 일해야 할까?

"제가 노는 것도 아니고, 가족을 위해 밤늦게까지 몸 버려 가면서 열심히 일하는데 아내는 그걸 몰라줘요."

거래처 접대를 위한 술자리 이후, 늦은 시간에 귀가했던 직원이 출근하자마자 투덜댔다. 자기의 수고를 몰라주고 불평하는 아내가 못내 서운한가 보다. 그러면서, 자신이 이렇게 뼈 빠지게 일하는 것은 다 가족을 위해서 그러는 건데, 정작 가족한테 인정을 못 받으니 일할 맛이 안 난다면서 일과 가정 중 어디에 무게를 두어야 할지 잘 모르겠다며 고민을 털어놨다.

'워라밸', '소확행', '욜로'

요즘 젊은이들의 일과 삶에 대한 생각을 대표하는 단어들이다. 요즈음 직장인들은 희생하고 헌신하던 과거 직장인들의 모습과 다르게 자기 삶을 즐기는 것을 중요한 가치로 생각하고 직장은 부수적으로 생각하는 사람이 증가하고 있다. 가정과 직장, 일과 휴식에 대한 인식 차이가 개인뿐 아니라 세대 간에 점점 벌어지고 있다. 누구에게는 열심히 일하는 상황이 일벌레로 평가받는 상황이 되기도 하고 누구에게는 휴식과 재충전의 상황이 무책임하고, 이기적인 상황으로 평가받기도 한다.

평생 회사를 위해 자기 청춘을 다 바친 선배님이 계시다. 새벽부터 밤늦게까지, 주말, 휴일을 가리지 않고 하루 24시간 대부분을 회사 업무와 관련하여 사용한다. 회사가 모든 것에 우선하며 회사가 전부다. 본인은 물론이고 가정조차도 회사를 위해 존재하며 부속물이라고 생각될 정도다. 그런 노력의 결과로 높은 자리까지 올라 많은 사람의 부러움을 사기도 하지만 반대로 꽤 많은 사람이 그를 일벌레와 꼰대로 생각하고 그렇게는 살고 싶지 않다고도 한다.

이 선배와는 다르게 근무 시간에 주어진 업무 이외에 어떤 추가 업무나 희생도 하지 않고 기본만 하는 직원이 있다. 정시에 출근하고 정시에 퇴근하고 주어진 업무만 한다. 회사 주요 업무 일정과 개인 일정이 겹치면 당연히 개인 일정을 택한다. 어차피 직장이 날 평생 책임져 주지 않을 건데 잘리지 않을 만큼만 일하면 된다고 생각한다. 그래서 그에 대한 회사의 평가는 좋지 않고 승진도 늦다. 그러나 상당수 동료는 그를 용기 있다고 평가하고 그의 업무 스타일을 닮고 싶어 한다.

어느 조직이든 일벌레 수준으로 일에 몰두하는 직원이 있고, 뺀질거리며 회사 일보다는 자신의 일정을 우선시하는 직원이 있다. 어떤 것이 맞고 어떤 것이 틀렸다고 단언하기 어렵다. 회사 문화와 시대의 변화에 따라 중요도와 평가가 달라진다고 할 수 있다. 하지만 확실한 것은 어느 한쪽에 치우치는 것은 바람직하지 않다는 것이다. 직장에서 성공하기 위하여 자신과 가정을 희생시키는 것도, 개인 생활을 위해 회사 일을 등한시하는 것도 정답은 아니다.

"얼마나 열심히 직장 생활을 해야 할까?"라는 질문에 답하기는 어렵다.

회사 문화가 다르고 개인의 성취 목표가 다르기에 '열심히'라는 단어는 다분히 추상적이고 주관적이다.

그래서 기준을 정해서 이만큼 일하는 수준이 열심히 일하는 것이라고 규정하기 어렵다. 경영자는 경영자대로, 근로자는 근로자대로 각자의 기준으로 일하고 평가한다. 근로자 사이에서도 살아온 환경과 이루고자 하는 꿈의 크기에 따라 그 기준이 천양지차다.

경영자는 직원 대부분이 더 열심히 일해 주길 바라고, 근로자 대부분은 자신은 충분히 열심히 일하고 있다고 판단한다. 많은 근로자가 회사가 주는 만큼 일하면 된다고 생각한다. 그런데 아이러니하게도 주는 만큼 일하는 수준에 대해서도 기준이 다르고 의견이 분분하다.

주류 회사에서 고객 접대를 위해 근무 시간이 끝난 늦은 시간까지 술을 마시는 것은 월급을 받는 만큼 일하는 것일까 아니면 자신을 희생하는 수준으로 열심히 일하는 것일까? 식품 회사에서 명절 선물 세트 하나를 더 팔기 위해 늦은 시간까지 배송하고 진열하면서 일하는 것은 월급을 받는 만큼 일하는 것일까, 자신을 희생하는 수준일까? 회사마다, 개인마다, 경영자와 근로자마다 대답은 다를 것이다.

이렇게 다양한 관점과 배경에서 객관적으로 열심히 일하는 기준은 무엇일까?

열심히 일한다는 것에 대한 다양하고 분분한 해석을 정리해 줄 방법은 개인 각자가 직장 생활을 하는 정확한 이유와 구체적인 목표를 갖고 그에 따라 행동하는 것이다.

참치 좀 먹어 보고, 맥주 좀 마셔 보고

회식을 하고 집에 늦게 들어가 아내와 크게 싸운 직원에게 물었다.

"김 과장은 무엇 때문에 직장 생활을 해?"

직원은 돈 벌어서 가족과 행복하게 살려고 직장 생활을 한다고 대답했다. 직원이 직장 생활을 하는 1차 이유는 돈을 벌기 위한 것이고, 2차 이유는 가족과 행복하게 지내는 것이다. 늦게까지 술 마시고 거래처 접대를 하는 이유가 가족과 행복하게 지내기 위한 것인데 그 가족이 늦게까지 술 마시는 것을 싫어한다면 가족 행복이라는 2차 이유를 충족시킬 수 없다.

또 회사 임원을 목표로 하는 사람과 조직 생활 경험을 목표로 하는 사람 사이의 열심히 일하는 정도가 다를 수밖에 없다. 대표이사가 꿈이었던 회사 선배는 그 꿈에 맞게 회사에서 열심히 일했고, 개인 사업을 하는 것이 꿈이었던 후배는 그 꿈에 맞는 수준으로 회사에서 열심히 일했다. 제3자가 보기에 누구는 일벌레이고 누구는 뺀질이로 보이지만 두 사람의 열심히는 자신의 목표에 부합하는 정도였다.

"직장 생활을 하는 정확한 이유를 정리해 보자."

그리고 "직장 생활을 통해 이루고자 하는 구체적인 목표를 세워보자."

개인이 가진 서로 다른 직장 생활을 하는 이유와 서로 다른 최종 목표에 따라 누구는 새벽부터 밤늦게까지 영혼을 갈아 넣을 정도로 열심히 일해야 하고, 누구는 설렁설렁 취미 생활을 하는 수준으로 열심히 일해도 된다. 남 평가에 신경 쓰지 말고.

다만 한 가지 확언할 수 있는 것은, 내가 시간과 마음을 쏟지 않았는데 결과가 따라올 수는 없다는 것이다. 워라밸을 1순위로 삼으면서 동료가 나보다 승진이 빠른 것은 인정할 수 없다는 것은 도둑 심보일 수밖에 없다.

조직에서 얻고 싶은 것이 있다면, 나 역시 무언가를 내주어야 한다. 정해진 대로 하루 8시간 동안 수동적으로 주어진 일을 일정한 수준으로만 한다면, 그 하루의 8시간이 나에게 즐거운 시간이 되기는 어렵다. 그러나 정해진 시간 동안 주어진 일을 빠르고 효율적으로 처리하고 조금 더 나은 결과를 연구해 본다면, 일을 하는 시간이 조금 더 재미있고 유익해질 수 있다.

참치 좀 먹어 보고, 맥주 좀 마셔 보고

참치 좀 먹어 보고, 맥주 좀 마셔 보고

12.

회사에서 상처받은 당신에게

직장 생활을 하는 동안 누구나 한두 번쯤 상처를 받은 경험이 있을 것이다.

누구는 자신의 땀과 노력으로 만들어 낸 성과를 약삭빠른 아첨꾼 동료에게 빼앗기는 어이없는 상황에 상처를 받기도 하고, 누구는 상사의 지시에 따라 업무를 진행했는데 좋지 않은 결과에 대해 책임을 져야 하는 억울한 상황에 상처받기도 한다. 또 동료의 모함과 이간질로 인한 곤란한 상황이 상처가 되기도 하고, 동료의 무례한 언행에 상처를 받기도 한다.

나도 30년 가까운 직장 생활 동안 꽤 많은 억울하고 상처받는 일을 경험했다.

작게는 누구누구를 편애한다는 오해에서부터, 모두가 어려워하는 이슈를 직접 해결하고도 생색내기 좋아하는 동료에게 그 공적을 뺏겨 억울해하고 마음에 큰 상처를 받기도 했다. 다양한 종류의 억울한 일을 겪고 그로 인해 상처를 받고 회사를 그만둘 생각도 하고 실제로 그만두기도 했다.

그중에서 가장 충격적이고 상처가 컸던 일은 오비맥주 지점장 자리에서 강등 통보를 받았을 때다. 당시까지 조직에서 승승장구하며 실패 경험이 없었던 나에게 받아들이기 어려운, 충격적인 사건이었다.

할인점, 편의점 전문가로 입사하여 오비맥주 내 유통 조직을 안정시키고, 채널 내 시장 점유율 1위 탈환을 리드하며 뛰어난 성과를 만들었던 나에게 갑작스러운 강등 통보는 나를 포함하여 다른 동료들에게도 이해하기 어려운 사건이었다.

당시 인사 담당자와 나의 직속 상사가 설명한 강등 이유는 그저 "회사 문화와 맞지 않는다."라는 것이었다. 정말 어처구니없고, 납득하기 어려운 설명이었다. 경력 사원으로 입사하여 5년 동안 회사 문화에 적응하여 좋은 성과를 만들고, 좋은 평가를 받았는데 갑자기 회사 문화와 맞지 않는다니, 도저히 이해가 안 되는 억울한 조치였다.

물론, 그들이 나를 강등한 진짜 이유는 따로 있었을 것이다. 그것이 일부 직원의 모함 때문이었는지, 직속 상사와 맞지 않는 나의 성향 문제였는지, 정확하지 않지만 강등 조치는 분명 억울하고 나에게 큰 상처가 되었다.

강등 3년 차 시점에 나를 강등시킨 직속 상사가 회사를 그만두고 나서 나는 다시 팀장 자리로 복귀할 수 있었고, 그 후 몇 년 뒤에 임원의 자리에 오르게 되었다. 회사 문화와 맞지 않는다는 이유로 강등되었던 사람이 다시 승진하고 임원의 자리까지 올랐다는 것은 그 당시 강등 조치가 억울하고 불합리한 결정이라는 것의 방증이지만, 강등의 상처는 꽤 오랫동안 나를 괴롭혔다.

직장에서 받는 상처의 종류를 구분하고 그 이유를 살펴보면 조직 생활에서 상처를 덜 받고, 이미 받은 상처를 치유하는 방법을 알 수 있다.

먼저 상처의 종류를 살펴보면, 보상, 승진, 평가, 예산 배분, 업무 분장과 같은 조직의 공적 시스템에서 받는 상처가 있다. 그리고 다른 사람의 무례한 행동이나 배려심 없는 언어 등 인간관계와 같은 사적인 관계에서 받는 상처가 있다.

시스템에서 받는 상처의 이유는, 불공정한 조직 시스템과 불의한 상사와 같은 외적 이유와 자기중심적으로 판단하고 평가하는 데서 오는 내적 이유가 있다. 또 사적인 인간관계에서 받는 상처의 이유는 배려심 없고, 무례한 다른 사람의 언행에서 오는 외적 이유와 자신의 부족함과 오해에서 오는 내적 이유가 있다.

받은 상처가 승진 누락과 같은 공적인 부분의 문제이든, 자신을 무시하는 상사의 무례한 말투와 같은 사적인 부분의 문제이든 많은 사람이 그 상처로 인해 힘들어하고, 어떤 이는 그 상처로 인해 이직을 하기도 한다. 그런데 우리가 명심해야 할 것은 어느 조직이든 사람이 모여 사는 곳에는 필연적으로 상처가 있다는 것이다. 새로운 회사에서 근무한다고 해서 상처를 받는 것에서 완전히 자유로울 수는 없다는 것이다.

조직 생활을 하면서 필연적으로 뒤따르는 상처에 좀 더 유연하게 생각하고 좀 더 의연하게 대처하기 위해 조직에서 받는 상처에 대한 깊은 고찰이 필요하다.

먼저, 공적 시스템에서 오는 상처를 살펴보자. 회사가 나의 노력과 성과를 공정하게 평가하여 일찍 승진하고 충분한 보상을 받았다고 가정해 보자. 나는 그 결과에 만족하겠지만, 나와 경쟁하던 누군가는 그 결과가 부당하다고 생각할 수 있고 그 결과로 인해 누군가는 상처를 받을 수 있다.

또 개인 간의 관계에서 오는 사적인 상처도 마찬가지다. 나의 배려하는 말과 행동이 누구에게는 부담스러운 언행으로 상처가 될 수도 있다. 회사는 생각이 다른 다양한 사람이 모여 도전적인 성과를 만들어 내야 하는 곳이다. 성과를 만드는 과정에서 누군가는 상처를 받고, 서로 다른 성향을 가진 사람과의 관계 속에서 또 다른 누군가가 상처를 받게 된다.

필연적으로 상처가 생기는 회사 생활에서 상처를 최소화하고 빠르게 치유하는 방법은 '외적 이유에 초월하기'와 '내적 이유의 객관화하기'이다.

회사 문화와 어울리지 않는다는 이유를 들어 강등 조치를 하는 상사와 회사 시스템에 억울해하고 상처를 받는다고 해서 상황은 달라지지 않는다. 어떤 논리와 원칙을 이야기하더라도 공적 시스템은 회사의 실수를 인정하거나 결과를 변경하지 않는다. 따지고 억울하다고 생각할수록 자신의 상처는 깊어진다. 깊게 생각하지 않고 생각나는 대로 함부로 말하는 동료의 언어 습관 역시 하루아침에 바뀌지 않는다.

불공정하다고 생각되는 회사의 조치와 무례한 동료의 언행에 상처받지 않고 초월하기 위한 방법으로는 '그 시간과 장소에서 벗어나기'가 필요하다. 변화시킬 수 없는 외적 이유에 맞서서 상처를 받기보다는 그 자리를 피하고, 그 시간을 피해서 상처를 어루만질 필요가 있다. 좀 떨어져서 보면, 좀 지나서 보면 상처가 작아질 수도 있고 상처라고 생각했던 일이 상처가 아닌 것이 될 수도 있다.

자기중심적인 판단에서 생기는 내적 이유에서 상처를 덜 받기 위해서는 자신의 기준을 객관적으로 들여다볼 필요가 있다. "내가 더 일찍 승진하는 것이 정당하고, 내가 더 많은 업무를 하고 있고, 내 연봉이 적다."와 같은 판단은 지극히 자기중심적이며 주관적인 판단일 수 있다. "저 사람에게는 친절하지만, 나에게는 함부로 한다. 말을 너무 직설적으로 한다."와 같은 다른 사람의 언행 역시 자신의 경험과 생각이 바탕이 된 주관적인 기준일 수 있다.

조금만 객관적으로 생각해 보면 나보다 더 노력하고 더 좋은 실적을 내고도 더 나쁜 평가를 받은 사람도 있을 수 있고, 나의 말과 태도가 다른 사람을 언짢게 할 수도 있다. 나의 기준을 객관화하기 위하여 나보다 더 불공정한 처우를 받고 있는 사람이 있다고 생각해 보자. 그리고 나의 언행이 다른 사람의 기준에 맞지 않는지 점검해 보자.

　　　　　　　　참치 좀 먹어 보고, 맥주 좀 마셔 보고

회사 생활을 하다 보면 상처받는 상황은 항상 존재한다. 그러나 동일한 상황이 누구에게는 큰 상처가 되기도, 누구에게는 늘 있는 평범한 일상이 되기도 한다. 심지어 누구에게는 상처받는 상황이 자신을 돌아보고 발전시키는 동기부여의 계기가 되기도 한다.

내가 통제할 수 없는 조직의 불공정한 평가와 다른 사람의 무례한 언행의 시간과 자리에서 벗어나기 위해 노력하자. 그리고 내가 통제할 수 있는 나의 평가 기준을 객관화하고, 또 나의 언행이 다른 사람의 감정을 상하게 하고 있지는 않은지 점검하자.

외적 기준에서 멀어지고 내적 기준을 이성적이고 객관적으로 들여다볼 때 조직에서 상처를 덜 받고 상처를 빠르게 치유할 수 있다. 중요한 것은 상처를 받았다는 사실이 아니라, 그 '상처를 받아들이는 태도와 그 상처를 극복하는 자세'다.

참치 좀 먹어 보고, 맥주 좀 마셔 보고

부하 직원을 상사처럼

직장 생활에서 상사와의 관계는 매우 중요하다.

비슷한 실력과 성과를 만들어 내는 직원이더라도 상사와의 관계에 따라 승진이나 보상이 크게 달라진다. 직장 생활을 하다 보면 '어떻게 저렇게까지 상사한테 잘할 수 있지? 꼭 저렇게까지 해야 해?' 하는 생각이 들 정도로 입 안의 혀처럼 상사에게 잘하는 사람이 있다. 그리고 그 노력의 대가로 상사에게 인정받고 승진 등의 보상을 받는다. 물론 대부분의 경우 직장에서 상사와의 관계가 끊어지는 순간 그 '입 안의 혀' 같던 행동은 사라지지만 조직 내 관계를 유지하는 동안에는 상사를 하늘처럼 떠받들고 산다. 그렇게 하는 이유는 상사와 좋은 관계를 유지하면 승진이나 인사이동에서 유리한 입지를 차지할 수 있기 때문이다.

30년 가까운 직장 생활 동안 상사에게 잘하는 직원을 수없이 봤다.

그중에서도 A 씨의 상사 맞추기는 가히 혀를 내두를 정도다. 상사가 좋아하고 싫어하는 것을 전부 알고 있다. 음식은 물론이고 좋아하는 의류 브랜드와 색상, 응원하는 스포츠 팀 등 상사의 취향 모두를 꿰차고 있다. 상사의 취향을 알아내고 그 정보를 바탕으로 상사를 기뻐하게 하는 일에 본연의 업무보다 더 심혈을 기울인다. 사랑을 시작하는 20대 청춘이 마음에 드는 연인의 환심을 사기 위해 시간과 정성을 다하는 노력과 닮아 있다.

10여 년 전 A 씨가 식당에서 상사에게 했던 행동은 지금도 잊히지 않는다. 상사가 좋아하는 음식 메뉴였던 칼국수 맛집에서 있었던 일화다. 밀가루 음식을 즐겨 먹던 상사의 취향을 저격하여 유명한 칼국숫집을 추천한 A 씨의 센스를 칭찬하며 훈훈한 분위기에서 식사를 시작한 상사가 갑자기 묵은 김치를 찾았다. 당시 방문했던 식당은 칼국수 전문집으로 겉절이김치와 깍두기가 반찬으로 나왔는데 생뚱맞게 묵은 김치를 찾은 것이다. 다른 직원들은 묵은 김치 있냐고 종업원에게 물어보고 "없다고 합니다." 하며 다시 식사를 시작했는데 몇 분이 지났을까? 놀라운 광경을 목격할 수 있었다. A 씨가 어디서 구해 왔는지 묵은 김치를 가져와 상사가 먹기 편하게 가위로 잘게 자

참치 좀 먹어 보고, 맥주 좀 마셔 보고

르고 있었다. A 씨가 묵은 김치를 좋아하는 상사를 위해 옆 식당을 돌아다니며 묵은 김치를 구해 온 것이다. 상사는 "역시 A 씨가 최고야." 하며 칭찬을 아끼지 않았고 얼마 지나지 않아 A 씨는 승진하게 되었다,

최근까지 같이 근무한 B 씨 역시 완전 상사 바라기다.

부하 직원에게 하는 행동과 상사에게 하는 행동이 완전 다르다. 상사가 좋아하는 일이라면 물불을 가리지 않는다. 평소라면 입에 대지도 않는 음식도 상사와 함께하는 식사 자리에서는 자신이 마치 그 음식을 엄청 좋아했던 것처럼 맛깔스럽게 식사한다. 그리고 상사가 좋아하는 것은 무엇이든지 같이한다. 노래를 좋아하는 상사를 모실 때면 하루가 멀다 하고 노래방에 같이 가서 목이 터져라 노래를 부른다. 상사가 등산을 좋아하면 주말, 휴일을 마다하지 않고 기꺼이 산에 오른다. 상사가 좋아하는 것이라면 어떤 음식도, 어떤 운동도, 어떤 취미도 함께하며 상사의 기분을 맞춘다.

반대로 부하 직원에게는 조금의 배려도 없다. 자신이 좋아하는 것을 같이 하길 강요하고 하지 않으면 바로 얼굴색이 바뀌는 등 표를 낸다. 특수 부위를 못 먹는 직원을 데리고 특수 부위 전문점에 가고, 고혈압을 관리해야 하는 직원과 자신이 좋아하는 햄버거와 콜라를

함께 먹는다. 늦은 시각까지 회식을 하며 일찍 가야 하는 사정이 있는 직원까지 끝까지 자리 지키기를 강요한다. 자신이 상사를 맞춘 것처럼 부하 직원도 자신을 맞춰 주기를 바라는 것이다.

누군가에게는 거부감이 들 수도 있지만, 직장 생활에서 상사에게 잘하는 것은 당연하고 현명한 행동이라고 할 수 있다. 사람은 감정의 동물이고 자신에게 잘하는 사람을 싫어하는 사람은 없다. 설사 부하 직원의 호의가 진심이 아니고 의도가 담긴 행동이라 하더라도 자신을 위해 좋아하는 음식을 같이 먹어 주고 좋아하는 브랜드, 색깔을 기억하여 선물해 주는 직원을 좋아하는 것은 인지상정이다. 그래서 많은 직원이 상사에게 잘 보이기 위해 노력하고 집중하는 것을 탓할 수는 없다.

반대로 부하 직원에게 상사처럼 하는 사람은 극히 드물다. 상사는 자신의 직장 생활을 좌지우지할 힘이 있다고 생각하지만, 부하 직원은 그럴 힘이 없고 심지어 함부로 부려도 된다고 생각하기 때문에 상사에게 하는 것처럼 정성을 들이지 않는다.

그러나 한 걸음 물러나 생각해 보면 부하 직원 역시 상사 못지않게 나의 직장 생활의 미래를 좌지우지하는 힘을 가지고 있다는 것을 깨달을 수 있다. 우선 부하 직원은 나의 성과를 좌지우지하는 사람이다. 같은 업무 지시라도 자신을 이해해 주고 배려해 주는 상사가 내리는 지시를 수행할 때와 자신을 일하는 사람으로만 여기며 인간적인 교감 없이 복종만 강조하는 상사의 지시를 받을 때 부하 직원의 일에 대한 적극성과 그 적극성이 만들어 낸 성과는 완전히 다르다. 상사를 존경하는 마음을 가진 부하 직원은 모든 일에 최선을 다하고 최고의 성과를 만들어 낸다. 그리고 그 부하 직원의 성과는 곧 나의 성과가 된다. 그래서 부하 직원과의 관계는 상사와의 관계 못지않게 중요하다.

또 부하 직원과의 관계가 중요한 이유는 한번 부하 직원이 영원히 부하 직원이 아니라는 것이다. 직장 생활을 하다 보면, 부하 직원이 빠르게 승진하여 동료가 되기도 하고, 때로는 상사가 되는 경우를 접하기도 한다. 부하 직원일 때 좋은 인간관계를 맺어 두면 그 사람이 동급의 동료가 되면 업무적으로 도움을 받을 수 있고, 상사가 되더라도 특별히 애쓰지 않고 상사와의 관계를 유지할 수 있다. 만약에 관계가 좋지 않았던 부하 직원이 동료와 상사가 된다면 아무리 노력해도 그 직원과의 관계 개선은 이루어지지 않을 것이다.

그러면 우리는 어떤 태도로 부하 직원을 대해야 할까? 생각보다 간단하다. 지금까지 상사에게 해 왔던 것처럼 하면 된다. 아니, 상사에게 하는 노력의 절반만 해도 부하 직원과 좋은 관계를 유지할 수 있고 부하 직원으로부터 존경받을 수 있다. 우리는 상사가 논리에 맞지 않는 말을 해도, 분위기를 깨는 이야기를 해도, 말대꾸하지 않고 경청한다. 하고 싶은 말이 있어도, 끼어들고 싶어도 참고 듣는다.

"부하 직원의 말도 끊지 말고 끝까지 들어 주자."
무엇보다도 부하 직원을 믿어 주고 의견을 존중해 주는 것이 필요하다. 그것은 부하 직원의 의견을 경청하는 것으로 시작되고 표현된다. 그의 의견과 생각을 듣고 나서 그에 맞추어 회사의 방향성과 업무의 필요성을 이해시키는 편이 더 효과적인 결과를 낸다.

그리고 상사에게 하는 것처럼 "좋아하는 마음을 행동으로 표현하자."
직원의 생일을 축하하고 직원 아이의 입학을 기억하고, 기프티콘 하나도 그의 취향에 맞는 커피로 골라 보자. 내가 따뜻한 바닐라라떼를 좋아한다는 것을 나의 상사가 기억한다는 사실은 일명 심쿵 모멘트가 된다. 상사가 무슨 음식을 좋아하고 커피는 어떤 방식으로 마시는지 관심을 두고 준비했던 것처럼, 부하 직원의 성향을 파악하고 그 성향에 맞춰 마음을 표현해 보자.
진심으로 자기 말을 끝까지 들어 주고 애정을 표현해 주는 상사를

참치 좀 먹어 보고, 맥주 좀 마셔 보고

존경하지 않을 부하 직원이 있겠는가? 대부분 사람이 상사 모시기에 집중할 때 그 노력과 시간의 절반만이라도 부하 직원을 위해 사용해 보자. 그것은 당신의 경쟁력이 될 것이고 당신 곁에 부하 직원이 아닌 사람이 남을 것이다.

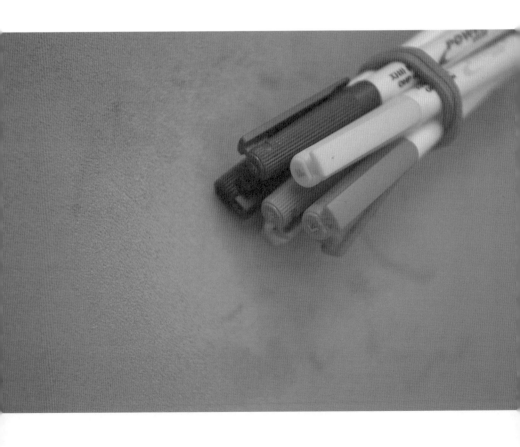

참치 좀 먹어 보고, 맥주 좀 마셔 보고

14.

관계 끊기, 관계 다지기

인간관계만큼 복잡하고 어려우면서도 중요한 것이 있을까?

많은 인간관계 전문가가 인간관계를 정의하고 좋은 인간관계를 유지하는 방법을 제시하지만, 그들 이론의 대부분은 복잡한 인간관계의 극히 일부분만 터치하는 것에 불과하다. 그리고 그들 역시 이런저런 관계의 어려움에 힘들어하고, 관계 때문에 낭패를 보기도 한다.

우리가 맺고 있는 인간관계를 나누어 보면 전통적인 지연, 학연, 혈연으로 맺어진 필연적 관계, 일을 매개로 하여 맺어진 반우연적 관계, 마지막으로 취미나 종교 등 자신의 선택으로 이루어진 자발적 관계 등으로 나눌 수 있다.

이렇게 구분되는 인간관계 종류에 따라 관계를 맺은 사람에 대한 기대치, 그 사람에게 쏟는 에너지 정도, 관계를 정리하는 방법이 달라진다. 가족 애경사에 비즈니스 파트너가 참석하지 않는 것은 이해할 수 있지만, 오래된 고향 친구가 참석하지 않으면 서운한 마음이 든다. 일반적으로 일정이 중복되었을 때 동호회 모임을 버리고 비즈니스 파트너 모임에 참석한다. 또 친구 관계에서는 말다툼을 하고 큰 실수를 하더라도 그 관계를 쉽게 끊어 내지 못하지만, 동호회 같은 친교 관계에서는 회원의 말실수 하나에 동호회를 탈퇴하고 관계를 끊기도 한다.

대부분의 사람처럼 나 역시 힘든 인간관계로 인해 상처와 고통도 받아 봤고, 반대로 좋은 인간관계 덕분에 도움과 기쁨도 충분히 경험했다.

직장 상사로 만나 피를 나눈 형제처럼, 스승처럼 깊은 인연을 이어 가고 있는 인간관계가 있는가 하면 평생 같이하자고 맹세했던 동창에게 금전적으로 배신을 당한 적도 있고, 일을 떠나 퇴직 이후에도 끈끈한 친구로 지내자던 거래처 담당의 손절에 배신감을 느끼기도 했다.

지금 와서 생각해 보니 많은 사람과 인연을 맺고 그 사람들로부터 좋은 평판을 듣기 위해 노력했던 젊은 시절의 인간관계가 다 헛되고

참치 좀 먹어 보고, 맥주 좀 마셔 보고

부질없었다는 생각이 들기도 한다.

나이가 들어서 생각해 보니 새로운 인간관계를 맺는 것보다 중요한 것은 여기저기 얽혀 있고, 매여 있는 의미 없는 인간관계를 잘 끊어 내는 것인 것 같다. 그리고 그 후에 남아 있는 진짜 인간관계에 집중하고 유지하는 것이 중요한 것 같다.

혹시나 우리의 인간관계가 고장 난 볼펜과 이미 철 지난 수첩으로 가득한 책상 서랍 같은 상황은 아닌지 돌아보자. 어려울 때 용기 내어 도움을 청할 수도 없고, 내 깊은 상처를 나눌 수도 없으면서 빼곡히 저장된 전화번호와 SNS 친구 목록을 인간관계로 착각하고 그것을 붙잡고 있지 않은지 돌아보자.

돌아보면 의미 없고 헛된 인간관계를 지키기 위해 꽤 많은 것을 희생했던 것 같다. 초등학교를 같이 다닌 것 빼고는 내 인생의 작은 부분도 공유하고 있지 않은 고향 친구의 부탁에 며칠을 고민하며 힘들어했던 적도 있었고, 자신이 필요할 때만 나를 찾고 이용하는 비즈니스 파트너를 위해 돈과 시간을 사용했던 적도 있다. 그때는 그것이 좋은 인간관계를 유지하는 데 필요하다고 생각했었다.

나를 포함한 다수의 사람이 맺고 있는 관계는 서로 필요할 때만 찾는 얕은 인간관계인 경우가 많다. 필요할 때 "누구 도움 구할 수 있는 사람 없나?" 하고 찾는 얕은 인간관계가 아닌 깊이가 있는 인간 관계란 서로의 희로애락을 나눌 수 있는 관계를 말한다. 기쁜 일이 생기면 같이 기뻐해 주고, 슬픈 일이 생기면 같이 울어 주는 관계 말이다. 지속적으로 고민을 나누고, 도움을 청할 수 있는 관계가 깊은 관계이다. 그러나 우리 핸드폰 속에 저장된 수천 명의 사람은 대부분 서로의 필요 때문에 맺어진 관계이다. 혹시 모를 상황을 대비하여 맺고 있는 보험 같은 관계인 것이다.

신선하고 맛있는 음식 재료를 냉장고에 보관하기 위해서는 기존에 얼려 두었던 오랜 음식물을 꺼내 공간을 만들어야 하는 것처럼 인간관계의 창고에 빼곡히 쌓여 있는 얕고 가벼운 관계를 정리해야 새로운 인간관계를 맺을 수 있고 중요하고 두터운 인간관계를 더 다지는 데 에너지를 사용할 수 있다.

그럼 어떤 관계가 얕고 정리가 필요한 관계일까? 그리고 그 관계를 부드럽게 정리하는 방법은 무엇일까?

내가 생각하는 당장 정리해도 되는 얕은 관계는 아래 세 가지 부류의 관계이다.

첫째는 관계를 맺고 있는 사람의 경조사가 생겼을 때 갈까 말까

참치 좀 먹어 보고, 맥주 좀 마셔 보고

고민하거나 최소 금액의 경조금을 하는 관계다. 어차피 깊은 관계이 기보다는 혹시나 안 좋은 이미지를 줄까 억지로 인연을 이어 가는 관계이고 언젠가는 끊어질 인연이다. 이런 인연을 이어 가기 위해 시간과 에너지를 쓸 필요가 없다.

두 번째로, 관계를 맺고 있는 사람의 가족 관계를 포함한 최근 근황을 모르고 있다면 이 역시 당장 관계를 끊어도 무방하다고 할 수 있다. 관계를 맺은 사람이 겪고 있는 아픔과 기쁨을 모르는데 서로를 위해 울어 주고 웃어 주고 도와줄 수 있겠는가? 이 관계 역시 자연스럽게 정리해도 무방한 관계이다.

마지막으로 나를 이용하는 사람은 단호하게 끊어 내야 한다. 몇 개월 동안, 몇 년 동안 연락 한 번 없다가 갑자기 전화해서 도움을 요청하는 사람, 나와의 관계를 이용해서 이득을 취하려는 사람은 내가 도움이 되지 않으면 언제든지 먼저 관계를 정리할 사람이다. 이런 사람과의 관계 역시 미련 없이 정리해야 한다.

사람과 관계를 정리하는 것은 새로운 관계를 맺는 것만큼 조심스럽고 정성을 들여야 한다.

경조사에 갈까 말까 고민하는 가벼운 관계이든, 최근 근황을 전혀 모르는 남남 같은 관계이든, 나를 이용하는 이기적인 관계이든 적을 만들며 관계를 끝내서는 안 된다.

적을 만들지 않고 부드럽게 관계를 끊기 위해서는 서서히 시나브로 연락을 줄이는 방법이 있고, 일부러 연락을 피하면서 상대방이 스스로 관계를 끝내게 하는 방법이 있다.

가볍고 남남 같은 관계는 그 관계를 유지하기 위해 내가 애쓰지 않으면 자동으로 관계가 정리된다. 그런 관계를 분류하여 6개월만 연락을 하지 말자. 그러면 그중 90%는 자동으로 관계가 끊어질 것이다.

반면 나를 이용하는 이기적인 사람은 고의로 관계를 끊어 내야 한다. 전화를 안 받거나 문자에 답을 하지 말자. 거절이 잦아지면 얼마 지나지 않아 상대방이 스스로 나를 끊어 낼 것이다.

그리고 자연스럽게, 의도적으로 끊어 낸 관계의 빈자리를 새로운 관계로 채우기 위해 애쓰지 말고 지금까지 나와 관계를 맺고 있는 인연을 더 다지기 위해 집중해야 한다. 얕은 관계를 끊어 내며 생긴 여유와 에너지를 남아 있는 인간관계에 몰아 써 보자. 하다못해 애경사 경조비도 얕은 인간관계에서는 상상하지 못할 정도의 큰 금액을 하고, 잠깐 얼굴만 비추고 사라지는 장례식, 결혼식장이 아니고 시작부터 끝나는 시간까지 한 식구처럼 함께해 보자. 기쁨도 나누고 슬픔도 함께하는 가족 같은 깊은 관계를 만들어 보자.

인생 후반의 인간관계는 슬픔과 기쁨을 같이하며 끝까지 함께할 깊은 관계 몇 명이면 충분하다. 자연스럽고 공손하게 끊어 낸 얕은 인간관계로부터 생긴 시간과 에너지를 몇 명의 깊고 끝까지 갈 관계를 위해 정성껏 사용해 보자.

15.

이해관계 속 인간관계

직장은 서로 다른 이해관계로 연결된 다양한 인간관계가 만들어
지는 곳이다.

직장 생활을 하다 보면 원하든 원하지 않든 많은 사람과 관계를
유지해야 하고 그 관계를 유지하기 위해 노력해야 한다. 그리고 그
인간관계의 깊이와 모양은 개개인이 관계 속에서 기대하는 이해득실
과 연관이 깊다. 직장 생활의 인간관계는 가족이나 친구와의 관계와
다르다. 자신이 속한 직장과 주어진 직무에 따른 이해관계에 의해 인
간관계의 깊이와 모양이 달라진다.

직장 생활을 하다 보면, 때로는 갑의 위치에, 때로는 을의 위치에
서게 된다. 어떤 경우에는 지시를 받고 명령을 수행해야 하는 위치

에, 어떤 때는 업무를 지시해야 하는 위치에 서기도 한다. 우연히 일등 브랜드를 담당하기도 하고 어쩔 수 없이 삼등 브랜드를 팔기도 한다. 그래서 직장 생활의 이해관계에 따라 맺은 인간관계는 너무나 다양하고 그 이해관계에 따라 수시로 그 관계의 깊이와 모양이 바뀐다.

일반적으로 직장 생활에서의 이해관계는 근무하는 회사의 업종과 매출 규모, 회사 내 담당 업무 그리고 직급과 관련이 깊다. 내가 근무했던 동원F&B와 오비맥주 그리고 지금 근무 중인 ㈜골든블루 비즈니스에서 갑의 위치에 있었던 회사는 이마트, GS25와 같은 대형 유통사와 주류 도매사 등이었다. 그리고 회사 내에서 갑의 위치에 있는 직무는 대부분 예산을 집행하는 집행 부서나 승진과 이동을 결정하는 인사 부서였다.

또 직장 내에서 높은 직급과 힘 있는 직책은 큰 영향력을 가진다. 팀원에게 팀장은, 임원에게 사장은, 사장에게 오너 경영주는 절대적인 힘을 가진다. 대부분 직장인이 그 이해관계에 따라 인간관계의 모양을 결정하고 갑의 위치에 있는 대형 유통사, 예산 집행 부서, 상사와 깊고 좋은 인간관계를 맺기 위해 노력한다.

대부분 회사에서 예산을 가진 부서는 힘이 있다. 그래서 많은 사람이 예산 집행 부서에서 일하는 직원과 좋은 인간관계를 유지하기 위해 아부하고 비위를 맞추는 것을 당연하게 생각한다. 예산 집행 부서 직원과의 인간관계는 다분히 예산을 부드럽게 그리고 충분히 지원받기 위한 이해관계가 바탕에 깔려 있다.

갑의 위치에 있는 거래처, 상사와의 인간관계 역시 이해관계에 따라 그 크기, 깊이가 달라진다. 나 역시 힘을 가진 이마트, GS25 등 대형 유통 파트너와 좋은 인간관계를 유지하기 위해 최선을 다했다. 영향력이 큰 유통사 파트너에게는 상대적으로 더 공을 들였고 좋은 관계를 만들고 유지하기 위해 나의 시간과 에너지를 쏟아부었다. 목표 달성을 위한 협조가 절대적으로 필요한 주류 도매사와의 관계도 마찬가지였다. 매출의 크기에 따라 인간관계를 맺기 위한 노력의 정도가 차이가 났다.

또 승진을 포함한 직장 생활의 조건을 결정하는 힘을 가진 상사와의 관계도 다분히 이해관계와 관련이 있다. 모든 방법을 동원하여 상사와 좋은 관계를 유지하기 위해 애를 쓰고 그 노력은 그 상사의 영향력이 크면 클수록 더 커지기 마련이다.

직장 생활의 인간관계 출발은 그 사람 자체에 대한 호감보다는 나에게 도움이 되는가 그렇지 않은가가 중요하다. 그리고 그 인간관계의 깊이와 크기는 이해관계의 크기와 관련이 있다. 즉, 힘이 있고 영향력이 큰 관계일수록 좋은 인간관계를 유지하기 위해 애를 쓴다.

　많은 직장인이 이해관계로 맺어진 인연을 친구나 가족처럼 깊고 단단한 인간관계로 오해한다. 이해관계로 맺어진 인간관계인지 순수한 인간관계인지에 대한 판단은 서로의 이해관계 상황이 바뀌고 끊어졌을 때 바로 확인할 수 있다.

　예산 집행 부서에서 다른 부서로 이동하자마자 언제 그랬냐는 듯이 그 사람을 깎아 내리고 모른 척하는 사람, 비즈니스 관계가 끝나고 사적 연락 한번 없고 심지어 메시지에 답을 안 하거나 전화를 안받는 사람, 상사가 부서를 옮기거나 퇴직하는 순간부터 남남이 되는 사람 등, 이해관계가 끝나자마자 인간관계도 끝나는 사람을 직장 생활 동안 수도 없이 경험했다.

　15년 전 동원F&B를 그만두었을 때 회사에서 맺어진 인간관계의 허망함을 실감했다. 그리고 얼마 전 오비맥주를 퇴사하고도 이해관계로 맺은 인연의 약함을 다시 확인할 수 있었다. 나름 좋은 인간관계를 유지해 왔다고 자부했는데 실상은 크게 달랐다. 내가 믿고 있던 단단하고 깊은 인간관계는 나 자신의 인간관계가 아닌 내가 일했던 회사, 내가 맡고 있었던 업무, 나의 직급, 직책이라는 이해관계로 만들어진 사상누각과 같은 인간관계였다.

아마 많은 퇴직자가 나와 비슷한 경험을 했을 수 있다. 반대로 여전히 직장 내 인간관계의 순수함과 단단함을 믿는 사람도 있을 수 있다. 그러나 분명한 것은 사람과 환경에 따라 일부 차이는 있을 수 있지만 직장 내 인간관계는 다분히 이해관계와 관련이 있다는 것이다. 그리고 직장 생활을 하면서 언젠가는 이해관계가 끝나거나 변하면서 현재의 인간관계도 끝나고 변하는 것을 인정해야 한다는 것이다.

이처럼 자주 그리고 쉽게 바뀌는 사상누각 같은 직장 내 인간관계를 어떻게 해석해야 할까? 그리고 그 가운데서도 좋은 인간관계를 유지하는 방법은 무엇일까?

우선은 "이해관계 변화에 따른 인간관계 변화를 받아들여야 한다."

직장 내 인간관계가 이해관계를 바탕으로 하는 것에 대해 의심할 필요도, 서운하게 생각할 필요도 없다. 우리는 일로 만났고 일을 잘하기 위해 관계를 맺은 직장인이다. 모두가 이해관계가 끝나면 또 새로운 이해관계를 중심으로 인간관계를 맺어야 한다. 그래서 과거의 인간관계를 유지하기 위해 애를 쓰고 노력할 여유가 없다. 부서를 옮기고, 거래처가 바뀌고, 회사를 그만두면 멀어지거나 끝나게 되는 인간관계를 서운하게 생각할 필요가 없다. 그리고 멀어진 관계에 연연하다 보면 새로운 인간관계를 받아들이기 어렵다. 직장에서 맺게 된 많은 인간관계가 바람에 날리는 쭉정이 같은 가벼운 인간관계라고 편하게 생각하자. 그래야 상처가 작다.

두 번째는 "이해관계와 상관없는 단단한 인간관계를 만들어야 한다."

대부분 사람이 힘이 있는 자리에서 내려오고, 담당 거래처가 아니고, 회사를 그만두면 이해관계도 끊어지고 인간관계도 끊어진다. 그러나 진짜 깊고 단단한 인간관계는 이해관계가 끊어졌을 때 여전히 좋은 관계를 유지하는 것이다.

단단한 인간관계를 유지하기 위해서는 나부터 이해관계가 없을 때도 무척 중요한 이해 당사자 대하듯이 정성을 다해야 한다. 이해관계가 없더라도 여전히 안부 전화를 하고, 생일 축하 인사를 해 보자. 힘이 있을 때, 수십 명, 수백 명이 한꺼번에 할 때보다 자리에서 내려오고 힘이 없을 때 신경 써 주는 인간관계가 울림이 훨씬 크다.

이해관계가 크지 않을 때 단단해지고 깊어진 인간관계는 때로는 다시 다른 이해관계로 만날 수도 있고 그렇지 않더라도 다른 사람의 입을 통해 좋은 영향을 미칠 수 있다. 외롭고 힘들 때 함께한 인간관계가 진짜 깊고 흔들림 없는 인간관계이다.

마지막으로 "직장 생활 내 인간관계에 대해 너무 큰 기대를 하지 말자."

이해관계의 변화에 따라 인간관계도 변하고 허망 없이 끝날 수 있음을 인정하자. 그리고 이해관계가 없을 때 더 크고 깊은 인간관계가 만들어짐을 명심하자. 좋은 사람과의 좋은 인간관계는 그 사람이 힘이 있다고 만들어지고 힘이 없으면 사라지는 것이 아니다.

이해관계가 없더라도 어려울 때 같이 있어 주고 힘이 없을 때 힘이 되어 주는 인간관계가 진정 깊고 오래가는 인간관계다. 그리고 그 수가 아무리 적더라도, 누군가가 여전히 남아 있다면 그것으로 충분히 그 지나온, 그리고 앞으로 함께할 시간들은 값진 것이다.

16.

맛있는 참치, 시원한 맥주

나의 첫 직장은 참치 캔으로 유명한 동원F&B였다. 그리고 두 번째 직장은 1등 맥주, 카스로 유명한 오비맥주였다.

전 국민이 즐겨 먹는 동원 참치와 맥주 하면 떠오르는 카스 맥주를 먹고 마시면서 열심히 일에 파묻혀 직장 생활을 하다 보니 어느새 50대 중반이 되었다. 20대 팔팔한 청년의 나이에 동원F&B에 입사하여 50대 중년의 나이에 오비맥주에서 마감하였으니 동원F&B와 오비맥주는 나의 청춘을 함께했던 곳이라고 할 수 있다.

충성심이 강하여 딱 한 군데 회사에서만 일하지 못했고, 능력이 출중하여 여러 회사를 경험하지도 못했지만, 그래도 각각 15년 가까운 짧지 않은 기간 동안 서로 다른 문화의 기업에서 근무할 수 있었던 건 나에게 크나큰 행운이었다.

두 회사에 다니는 동안, 결혼하여 가정을 이루었고, 첫 회사 입사 초기에 태어난 두 아이는 건강하게 자라 어느새 대학생이 되었다. 어렵게 전세로 시작한 집도 두 회사를 거치면서 넓어졌고 경제적인 안정도 이룰 수 있었다. 30년 가까운 직장 생활 동안, 한순간도 편하고 여유 있었던 적은 없었지만 다른 사람에게 자신 있게 명함을 내밀며 "나 동원에서 일해요." "나 오비맥주 다녀요."라고 이야기할 수 있었던 행복한 시간이었다.

두 회사를 마무리하고 돌아보니 동원F&B와 오비맥주는 참 다른 점이 많은 회사였다.

모두가 알다시피 다르다는 것은 어떤 것이 좋고 나쁘다는 우열을 말하는 것이 아니라 서로 다른 차이를 이야기하는 것이다. 내가 경험한 동원F&B 문화와 오비맥주 문화 모두 훌륭하고 자랑할 만하다.

그러면서도 서로에게는 이해 안 될 정도로 다른 점이 있다. 아마도 가장 큰 차이는 동원F&B는 오너가 있는 전통 한국 기업이고, 오비맥주는 다국적 맥주 회사라는 점에 있는 것 같다. 다분히 개인적인 경험으로 두 회사의 문화를 이야기하는 것이 무척 조심스럽다. 그리

참치 좀 먹어 보고, 맥주 좀 마셔 보고

고 혹시나 현직에 근무하는 직원들이 이 글을 본다면 동의하지 않을 수도 있어서 걱정도 된다. 그러나 비록 지극히 개인적인 경험이지만, 내가 경험한 두 회사의 서로 다른 그리고 특별한 문화에 관해 이야기해 보고 싶다.

첫 직장이었던 동원F&B 하면 떠오르는 이미지는 '근면, 성실'이다.

동원F&B 근무 기간 직장인의 자세와 영업의 기초를 배울 수 있었고 그 배움의 바탕에는 근면, 성실이라는 동원F&B의 정신이 있었다. 동원F&B에서 몸에 익힌 성실과 근면은 두 번째 직장 오비맥주 업무에도 큰 도움이 되었고, 직장 생활이 아닌 일반 생활인으로서의 자세에도 큰 도움이 되었다.

돌아보면 동원F&B 직원 대부분이 근면, 성실이 몸에 배어 있다고 할 수 있다. 오너인 회장님부터 평직원까지 전 직원의 부지런함은 보통 회사의 그것과는 완전히 다르다.

근무 당시 사무실에 오전 7시 전후에 도착하여 업무를 시작했었는데, 나보다 일찍 업무를 시작하는 직원들도 꽤 있었고 선거일과 같은 임시 공휴일에는 일찍 투표를 끝내고 출근하여 회사 업무를 보는 것을 당연하게 생각했었다.

선물 세트 납품 일자를 맞추기 위해 전 직원이 물류 센터에 모여 밤늦은 시간까지 세트를 조립하는 일은 추석, 설 명절에 종종 볼 수 있는 광경이다. 당시 같이 근무했던 팀원들은 술 한잔을 할 때마다 아침 7시 30분 미팅에 10분 늦어 나에게 야단을 맞았던 당시 이야기를 안주로 꺼내곤 한다.

이처럼 자신이 맡은 업무를 성실히 처리하기 위해 아침 이른 시간부터 근면하게 일을 시작하는 것은 동원F&B에서는 어쩌면 당연하고 기본이 되는 문화라 할 수 있다. 시간이 흘러 이러한 근무 문화가 많이 변했다고 하지만, 여전히 동원F&B의 근면과 성실함은 다른 회사와의 차별점이라 할 수 있고, 근면, 성실의 문화는 동원F&B를 국내 최고의 종합 식품 기업으로 성장시킨 원동력이었다고 생각한다.

어쩌면 오늘날의 젊은 직원들은 이러한 동원F&B의 문화에 반감이나 부담을 가질 수 있다. 그러나 동원F&B와 오비맥주를 경험한 내 생각은 좀 다르다. 동원F&B의 근면과 성실함은 어떤 회사도 쉽게 따라 할 수 없는 동원F&B의 귀한 자산이며 지금의 동원F&B를 만들어 준 성장 동력이다.

그리고 동원F&B를 경험한 개인에게는 동원F&B를 떠나, 어떤 회사에서도 잘 적응하는 힘이 되고 더 나아가 사회생활에서 가장 강력한 밑거름이 되어 준다고 할 수 있다. 누군가는 동원F&B의 근면, 성실함을 힘든 것으로 평가할 수도 있다. 휴일을 희생하며 목표를 달성하는 성실함에 불편함을 느낄 수 있다. 그러나 불편하다고 해서, 힘들다고 해서 그것을 옳지 않거나 무의미하다고 할 수는 없다.

나도 동원F&B 근무 당시에는 힘들었다. 그러나 시간이 지나 생각해 보니, 근면과 성실한 태도는 기업과 개인을 성장시키는 원동력이며 어떤 고난에도 그것을 헤쳐 나갈 에너지임을 알 수 있었다.

두 번째 직장이었던 오비맥주에서 받은 첫 느낌은 포용성이었다. 그리고 14년의 오비맥주 생활을 마감할 때 추가로 든 생각은 다양성이었다.

요즘 대부분의 기업이 구호처럼 다양성과 포용성을 강조하고 있지만 그것이 기업 문화로 정착한 기업은 많지 않다. 세계 최대 맥주 회사라는 위상에 맞게 오비맥주는 오래전부터 다양성과 포용성을 기업 문화 전반에서 실천해 왔다. 물론 다양성과 포용성의 문화가 100% 긍정적인 측면만 있는 것도 아니고, 현재 근무 중인 직원들의 평가는 다를 수 있지만, 내가 경험한 첫 직장이었던 동원F&B와 오비맥주와 크게 다른 점은 다양성과 포용성이었다.

동원F&B에서 오비맥주 이동 시 나의 직책은 할인점&편의점 채널 지점장이었다. 이동 당시 나의 나이는 당시 동급의 지점장들보다 작게는 두세 살, 많게는 대여섯 살 어렸다. 그리고 주류 경력은 전혀 없었기에 그들로서는 내가 신입 사원이나 한참 후배로 보였을 것이다. 그러나 그들 대부분은 진심으로 나를 파트너로 인정하고 도와주었다. 주류 문화의 특성을 꼼꼼히 설명해 주고 내가 빠르게 적응할 수 있도록 방향을 제시해 주었다. 상사의 성향을 알려 주고 내가 실수하지 않도록 도와주고 나의 유통 경험을 인정하고 새로운 도전을 할 수 있도록 지원해 주었다. 동료들의 친절과 도움을 경험하면서 첫 직장이었던 동원F&B 팀장 시절 외부 경력직으로 들어온 직원에게 텃세를 부리던 내 모습이 부끄럽게 느껴졌다.

오비맥주 대부분의 직원은 외부 경력 사원에게 쉽게 마음의 문을 연다. 그리고 자신들의 부족함을 채워 줄 전문가라고 생각한다. 그래서 정말로 다양한 경력의 직원들이 지금 오비맥주에서 근무하고 있다. 식품, 음료, 담배, 전자 제품, 컨설팅 등 맥주와 직접 관련 없는 업종의 경력자를 포함하여 글로벌 최고 명문 대학의 MBA 수료자뿐 아니라 다양한 국적의 외국인들까지 출신, 인종, 학력, 성별 구분 없이 다양한 인재들이 함께 일하고 있다.

오비맥주를 그만두는 시점, 나의 직책은 가정 채널 본부장으로 상무 직급이었다. 다른 회사 같으면 꽤 높고 일반 직원들이 쉽게 접근하기 어려운 자리일 수 있다. 그러나 오비맥주에는 30대 임원도 꽤 있었고, 입사한 지 몇 년 안 된 임원들도 많아서 나는 그냥 여러 직원 중 한 명이었다. 더구나 회사가 닉네임을 부르기 때문에 상대방의 직급은 중요하지 않다.

입사한 지 얼마 안 된 대리급 직원도 나를 Rocky(닉네임)라 부르며 자신의 의견을 자유롭게 이야기한다. 가끔은 무례하게 느껴질 정도로 직설적인 직원도 있고, 회사 공동의 목표나 이익을 고려하지 않은 채 자신의 주장만 내세우는 직원도 있지만 다양하게 제 생각을 이야기하고 그 생각을 자르거나 무시하지 않는 오비맥주의 다양성과 포용성은 진정 존경받을 만하다.

물론 오비맥주에서도 외부 경력자에게 반감을 갖는 직원도 있고, 나이 어린 직원의 초고속 승진이나 가감 없이 제 생각을 이야기하는 회의 문화에 대해 부정적인 생각을 가진 직원들도 있다. 그러나 오비맥주는 글로벌 기업이고, 주류 문화를 선도하는 기업이다. 오비맥주의 다양성과 포용성의 문화는 세계 최대 맥주 회사 'AB-Inbev(글로벌 본사)' 일원으로 본사의 전략과 문화를 받아들이고, 한국 주류 시장에 맞게 새로운 한국 주류 문화를 만들어 가기 위해 필요한 자산임이 틀림없다.

우연히 14~5년이라는 비슷한 기간 동안 근무했던 동원F&B, 오비맥주의 근무 경험을 통해 많은 것을 배우고 성장할 수 있었다. 두 회사는 비슷한 점도 있지만, 완전히 다른 점도 많았다. 나보다 더 부지런하고 더 힘든 일을 하는 사람도 많았고, 나보다 똑똑하고 대단한 사람도 많았다. 이 회사에서는 당연한 것이 저 회사에서는 도저히 용납이 안 되는 것도 있었고 더 좋은 방법을 두고 기존의 방식을 고수하는 답답함을 느낀 적도 있었다.

그러나 확실한 것은 '맛있는 동원 참치'를 통해 영업의 기초를 쌓을 수 있었고, 근면, 성실한 자세를 습관화할 수 있었다. 그리고 '시원한 카스 맥주'를 통해 나와 다른 배경과 의견을 가진 사람과 협업하고 설득하는 방법을 배웠다. 오랜 시간 후에도 두 회사가 더 성장하여, 여전히 "나 동원 참치 다녔어, 나 오비맥주 다녔어."라는 경력을 자랑스럽게 이야기할 수 있길 기대해 본다. 그리고 그 지속 성장의 바탕에 동원F&B의 근면과 성실의 문화가, 오비맥주의 포용과 다양성의 문화가 큰 축을 담당할 것을 확신한다.

참치 좀 먹어 보고, 맥주 좀 마셔 보고

인생 편

1.

누구나 죽고 누구나 자리에서 내려온다

사람은 언젠가 죽고, 언젠가는 자리에서 내려온다.

이 만고의 진리 앞에 누구도 예외일 수 없다. 그러나 주위를 돌아보면 이 만고불변의 진리를 가슴에 새기며 현실에 적용하며 삶을 살아가는 사람은 드물다. 많은 사람이 영원히 살 것처럼, 평생 그 자리에 머무를 것처럼 착각하고 행동한다. 시기와 질투, 유흥과 향락으로 시간을 낭비하며 생명의 소중함을 잊고 살고 갑질과 괴롭힘, 속임과 불공정으로 주변 사람을 힘들게 하면서 자리를 지키고 산다.

생명의 유한함을 인지하고 준비할 때 삶이 빛이 나고 소중하다. 자리의 유한함을 깨닫고 고민할 때 일이 보람되고 자리가 소중하다. 죽음을 생각하고 시간을 사용하는 것은, 그 삶의 가치를 크게, 삶의 길이를 길게 하는 묘약이다. 내려올 때를 준비하고 직장 생활을 하는 것은 자리의 높이보다 일의 가치에, 머무르는 시간보다 함께하는 사람의 사랑에 관심을 두게 한다. 살아 있음을, 일할 수 있음에 감사하는 마음은 생명의, 자리의 유한함을 깨달을 때부터 시작된다.

지난 2022년에도 세상에 뚜렷한 업적을 남긴 큰 별들이 죽음을 피하지 못했다. 영국의 최장수 군주 엘리자베스 여왕 2세가 죽음을 맞이했고, 힘차게 "전국 노래자랑!"을 외치던 영원한 젊은 오빠 송해 선생님이 죽음을 맞이했다. 거슬러 올라가면 이건희 삼성 회장님, 애플의 창업자 스티브 잡스가 그 많은 돈을 남겨 두고 병마와 싸우다 죽음을 맞이했다. 평생 갖은 고문과 고초를 이겨 내며 인동초로 불린 김대중 대통령도, 총칼로 정권을 잡고 그 정권을 지키기 위해 선량한 국민을 괴롭혔던 전두환 대통령도 죽음을 피해 갈 수는 없었다. 또 이름 모를 우크라이나 국민이 전쟁의 포화 속에서 처참한 죽음을 맞이하고 있고, 젊은 청춘들이 이태원 핼러윈 축제에 갔다가 갑작스러운 죽음을 만나게 되었다.

누구는 긴 투병 끝에, 누구는 예상치 못한 사고로, 누구는 꽃다운 20대 청춘에, 누구는 90이 넘은 나이에 죽음을 맞이한다. 모두가 부러워하는 많은 돈을 가진 사람이든, 무소불위의 권력을 가진 사람이

참치 좀 먹어 보고, 맥주 좀 마셔 보고

든, 많은 사람의 존경을 받는 사람이든, 많은 사람을 힘들게 하여 원망과 비난을 받은 사람이든, 삶은 모두에게 유한하여 누구도 죽음을 피해 갈 수 없다.

자리에서 내려오는 것도 죽음의 그것과 비슷하다. 내려오는 시기, 방법은 다르지만, 누구나 예외 없이 자리에서 내려온다. 관공서와 같은 공적 조직이든, 회사와 같은 사적 조직이든 모든 조직의 자리의 주인은 수시로 바뀐다. 정권이 바뀌면 대부분 고위직 자리의 얼굴이 교체된다. 누구는 새로운 정권과 이념이 맞지 않아서, 누구는 새로운 정권의 낙하산 인사에 밀려서 자리를 이동하거나 내려온다. 회사 사장의 자리도 마찬가지다. 누구는 경영 실적 부진의 책임을 지고, 누구는 예기치 못한 사건, 사고의 책임을 지고, 일부는 성희롱이나 금전 사고와 같은 도덕적 결함에 의해서 자리에서 내려오기도 한다.

'5무(無) 경영인'으로 불리며 'LG생활건강'을 K-뷰티의 선두 기업으로 이끈 차석용 사장도 20년 가까이 머물렀던 사장이라는 자리에서 2022년 내려왔다. 글로벌 할인점의 무차별 공격을 막아 내며 국내 할인점 1위 자리를 굳건히 지켜 냈던 이갑수 이마트 사장도, 고졸 신화라 불리며 오비맥주를 맥주 1위 자리에 다시 오르게 한 1등 공신 장인수 오비맥주 사장도 결국은 자리에서 내려왔다. 사장뿐 아니라 임원, 팀장, 사원을 포함한 어떤 직급, 어떤 직책의 자리도 영원하지는 않다. 사장이 바뀌면 다수의 임원, 팀장이 줄줄이 자리에서 내려오거나 다른 자리로 이동한다. 대통령이 바뀌자마자 국정원 1급 직원 전원이 교체되었다는 뉴스를 보면서 공무원 자리도 예외 없음을 실감한다. 권력 최고의 자리인 대통령도 5년 뒤에는 어김없이 그 자리에서 내려온다. 자신이 직접 창업하고 성장시킨 대기업 회장님도 갑질과 법규 위반으로 여론의 뭇매를 맞고 반강제적으로 그 자리에서 내려온다. 어떤 자리도 영원하지 않다.

많은 사람이 머리로는 생명과 자리의 유한함을 안다. 그러나 마음에 그 진리를 새기고, 그 진리에 바탕을 둔 행동을 하며 사는 사람은 많지 않다. 6개월 시한부 삶을 사는 사람처럼, 다음 달에 퇴직하는 사람처럼, 생명과 자리의 소중함을 인식하고 삶과 직장 생활을 해야 한다. 그러기 위해 아래 두 가지 실천 행동을 제안해 본다.

첫째, "유언장을 써 보자."
자기 삶이 1년밖에 안 남았다고 가정하면서 지금까지 살아온 삶을 돌아보고 남은 시간을 어디에 쓸 것인지 글로 정리해 보자. 남은 날들을 한정해 보면, 후회가 남지 않도록 사랑을 표현하고 자신이 하고 싶은 일에 더 많은 시간을 사용하게 될 것이다. 운동을 하고 몸에 좋은 음식을 먹는 등 좋은 습관을 갖게 될 것이다. 죽음 앞에서 '내가 왜 이랬을까?'라는 후회가 남지 않도록 매년 유언장 앞에서 자기 삶의 방향과 기준을 정하고 실천하기를 노력하면서 사람을 사랑하고 자신을 아끼면서 살아가자.

두 번째로 "퇴직 후 무엇을 할 것인지에 대해 구체적인 계획을 세워 보자."

회사를 그만두거나 퇴직을 하게 되면 무엇을 할 것인지 구체적인 계획을 세워 보자. 새로운 직업을 구할 것인지, 개인 사업을 할 것인지, 하고 싶은 일, 할 수 있는 일을 정리해 보자. 그리고 그것을 위해 무엇이 필요하고 무엇을 준비해야 하는지를 정리해 보자. 구체적 계획을 세우다 보면 우선은 내가 할 수 있는 일이 많지 않다는 것을 깨닫게 될 것이고 지금 내가 누리고 있는 것에 감사하게 될 것이다. 그리고 새로운 일자리를 찾든, 개인 사업을 시작하든 주변 사람의 도움이 필요하다는 것도 깨닫게 될 것이다.

지금 내가 함부로 하던 동료의 도움이 나의 인생 2막 시작에 큰 영향을 미칠 수도 있고, 가볍게 생각했던 조직의 울타리가 생각보다 훨씬 크다는 것을 느낄 수도 있다. 또 지금 나와 함께 식사하고 대화하는 동료 덕분에 혼자라는 외로움을 느끼지 못하고 생활하고 있는 것을 깨닫게 될 수도 있다. 조직을 떠나 홀로서기를 계획해 보면 지금 내가 가지고 있는 권한은 나의 것이 아니고 조직이 잠깐 나의 자리에 맡겨 준 것임을 깨닫게 된다. 내 것이 아닌 권한에 기댈 필요도 없고 더구나 함부로 사용해서도 안 된다. 자리가 주는 헛된 힘에 기대지 말고 나의 실력을 기르기 위해 노력하자. 내 것이 아닌 자리의 힘을 함부로 사용하지 말고 기준을 지키고 힘을 나누며 살자.

사람의 생명은 유한하다. 조직의 자리는 더욱 짧다.

아무리 똑똑하고 아무리 돈이 많은 사람도 결국은 죽음을 맞이한다. 아무리 실력이 있고 든든한 후광이 있는 사람도 결국은 자리에서 내려온다. 죽음을 앞둔 사람처럼 유언장을 써 보고, 퇴직을 앞둔 사람처럼 인생 2막 계획서를 작성해 보자. 유언장을 써 보면 자신에게 주어진 시간의 소중함을 깨닫고 주변 사람을 사랑하게 될 것이다. 인생 2막 계획을 세워 보면 자리의 소중함을 깨닫고 일을 즐기고 감사하게 될 것이다. 생명은 유한해서 소중하고, 자리는 유한해서 감사하다.

참치 좀 먹어 보고, 맥주 좀 마셔 보고

2.

양날의 검

양날의 검이란 말은 어떤 사물, 사람, 현상이 긍정적인 측면과 부정적인 측면을 동시에 갖고 있을 때 사용한다. 동일한 상황이 어떤 면에서는 득이 되기도 하고 어떤 면에서는 실이 되기도 할 때 양날의 검 같다고 한다. 인생을 살다 보면 수없이 많은 양날의 검 같은 상황을 직면하게 된다. 과학의 발전이 가져다준 수많은 문명의 이기들이 양날의 검이고, 매일 만나고 헤어지는 사람 관계가 양날의 검이다. 또 행운이나 고난의 상황도 지나서 생각해 보면 양날의 검인 경우가 많다.

현대를 살아가기 위해 필수적으로 필요한 자동차와 스마트폰을 생각해 보자.

자동차는 빠르고 편리한 이동 수단이자 휴식과 문화 공간의 역할을 하는 선한 의미의 잘 베는 검이다. 반대로 조금만 뒤집어 생각해 보면 자동차는 천하의 애물단지다. 걷기 운동을 방해하는 자동차, 꽉 막힌 도로 위 자동차, 그리고 주차 공간을 못 찾아 헤매는 자동차는 악한 의미의 잘 베는 검이다. 스마트폰도 마찬가지다. 스마트폰 없이는 단 한 시간도 살 수 없을 정도로 삶의 필수품인 스마트폰은 사람과의 소통, 필요한 정보 습득 그리고 다양한 즐거움을 선사하는 복합 쇼핑몰 같은 선한 의미의 잘 베는 검이다. 반면에 스마트폰은 시력을 나쁘게 만들고 어깨와 목 통증을 일으키고 또 사람과 대화를 줄어들게 하는 부분에서는 악한 의미의 잘 베는 검인 것이다.

그리고 관계 맺고 있는 다양한 사람을 생각해 보자.

누구는 겸손하며 다른 사람 말에 경청하는 좋은 성품을 가지고 있다. 또 누구는 결단과 추진력이 있는 성격으로 좋은 평가를 받고 있다. 이 역시 조금만 비틀어 생각해 보면 겸손하고 경청하는 좋은 성격은 우유부단하고 소신이 없는 사람이 되기도 한다. 또 결단과 추진력이 조금만 지나치면 독선과 아집을 가진 부정적인 성격의 사람으로 평가되기도 한다.

이처럼 사람의 성격도 이쪽에서 보면 너무나 선한 잘 베는 검이지만, 저쪽에서 보면 악한 부분에서 잘 베는 검이 되기도 한다. 경제적으로 부유한 부모님 밑에서 유복하게 자라 온 환경이 스스로 아무것도 할 수 없는 능력 부족의 사람을 만들기도 하고 수백만분의 일의 확률을 뚫고 당첨된 로또 1등이 화목한 가정을 깨뜨리기도 한다. 회사에서 쫓기듯 내몰려 시작한 치킨집이 초대박이 나기도 하고, 〈개그콘서트〉가 폐지되어서 어쩔 수 없이 시작한 유튜브에서 수백만 구독자를 가지고 대박을 터트린 개그맨도 있다. 사람도 상황도 한편으로는 좋고 한편에서는 나쁘다. 호불호와 유불리는 같은 칼에 있는 양날이다.

이처럼 인생에는 절대 선도 절대 악도 없다.

어떤 부분은 좋고, 어떤 부분은 나쁘다. 어떻게 보면 편리하고, 달리 보면 불편하다. 어떤 것은 유리하고, 어떤 것은 불리하다. 어떤 검은 적을 베지만, 어떤 검은 나를 노리기도 한다. 살면서 만나게 되는 칭찬과 비난, 고난과 성공, 행운과 불운의 양날의 검 같은 상황에서 자신을 보호하고 선한 검을 지니기 위해 어떤 태도를 보여야 할까?

우선은 자신을 향한 칭찬과 비난, 자신에게 발생한 고난과 성공, 행운과 불운의 상황 앞에서 우리가 가져야 할 마음 자세는 '두려움과 대범함'이다. 양립하기 어려운 상반된 개념인 두려움과 대범함, 이

두 마음을 가져야 한 끗 차이로 상황이 바뀌는 양날의 검 같은 상황에서 자신을 보호하고 선한 검을 지닐 수 있다. 다른 사람의 칭찬 속에 담긴 의도를 두려워하고 다른 사람의 근거 없는 비난에 대범해야 한다. 이겨 낼 수 있다는 대범한 마음과 행동으로 고난과 불운에 대처해야 한다. 그리고 작은 성공과 우연한 행운을 경계하고 두려워해야 한다.

반면에 다른 사람의 양날의 검 같은 상황을 대할 때 필요한 마음은 '신중함과 균형감'이다.

사람에 대한 평가를 몇 번의 만남과 인상으로 쉽게 하면 안 된다. 한두 번 좋은 인상을 받았다고 그 사람이 선한 검이라고 쉽게 판단하면 안 된다. 언제 나의 뒤통수를 칠지 모른다는 경계심이 필요하다. 반대로 안 좋은 인상을 받았다고 그 사람이 나를 베는 악한 검이라고 쉽게 판단하면 안 된다. 선한 마음과 배려심을 가진 선한 검을 경솔한 판단으로 악한 검의 관계로 만들 수 있음을 경계해야 한다. 여러 번 만나고 깊게 경험한 후에 신중하게 사람을 판단해야 한다.

그리고 다른 사람의 성공과 행운을 우연이라고 가볍게 판단해서는 안 된다. 자신의 성공과 행운은 뼈를 깎는 노력의 결과이고 다른 사람의 성공과 행운은 우연과 행운이 따른 것으로 평가절하하면 안 된다. 상대방의 성공과 행운을 인정해 주고 같이 기뻐해 주자. 다른 사람이 처한 고난과 실패를 자신의 고난과 실패처럼 같이 고민해 주고, 같이 슬퍼해 주자. 나에게 주어진 상황과 상대방의 상황을 균형 있게 판단할 때 선한 검은 강해지고 악한 검은 약해진다.

나의 성공과 칭찬은 낮은 자세로 바라보고, 나에게 온 실패와 고난은 도전의 태도로 임할 때 내가 가진 선한 날은 날카로워지고 악한 날은 무뎌진다. 다른 사람의 성공과 칭찬을 인정해 주고, 다른 사람의 고난과 실패를 공감해 줄 때 다른 사람이 가진 선한 날은 날카로워지고 악한 날은 무뎌진다.

　　　　　　　　　　　　　　참치 좀 먹어 보고, 맥주 좀 마셔 보고

3.

기대감을 컨트롤하자

모임에서 친구 아들의 대학 합격 소식이 화제에 올랐다. 모두가 부러워하는 서울 소재 명문 대학 합격 소식에 다른 친구들이 부러워하며 축하의 말을 전했다. 그런데 정작 그 친구의 반응은 시큰둥했다. 친구 아들은 강남 명문 고등학교에서 줄곧 우수한 성적을 유지해왔기에, 당연히 서울대학교에 합격할 것을 기대했는데 그 아래 학교에 합격하다 보니 실망감이 컸다고 친구는 이야기했다. 반대로 딸이 서울 근교 대학에 합격한 지인은 마치 최고 명문 대학교에 합격한 것처럼 들떠 기뻐했다. 지방의 이름 모를 대학이라도 들어가면 다행이라고 생각했는데 서울 근교 대학에 합격하니 너무 좋다고 했다.

치열한 승부가 펼쳐지는 스포츠 세계는 승자독식의 패러다임이 극명하게 나타나는 곳이다.

승자는 열렬한 팬들의 사랑을 독차지할 뿐 아니라 어마어마한 연봉과 수많은 후원자의 지원을 포함한 엄청난 혜택을 거의 독식한다. 승자와 패자의 실력 차이는 종이 한 장보다 작을 수 있지만, 1등과 2등, 우승과 준우승, 컷 통과와 컷 탈락에 따른 보상의 차이는 하늘과 땅이다.

그런데 이처럼 승패의 명암이 확실한 스포츠 세계에서 승패의 책임을 지는 감독의 교체 이유는 예상 밖으로 성적순이 아닌 경우가 많다. NBA 2022~2023년 시즌이 마무리되고 감독이 교체된 팀은 하위권 팀이 아니라 대부분 플레이오프에 진출한 상위권 팀의 감독이었다. 그중에는 50년 만에 밀워키 벅스에 우승을 안기고, 2022~2023년 정규 리그 우승을 이끌었으면서 올해의 감독상을 받은 적이 있는 명장, '부덴홀저' 감독도 포함되어 있다. 그 외에도 다수의 상위권 팀들의 감독이 시즌이 끝나자마자 교체되었다. 얼핏 생각하면 최하위 팀들의 감독이 교체될 것 같지만, 실제 결과는 5위 이내의 상위권 팀들의 감독이 교체된 것이다.

철저히 성적으로 평가받는 스포츠 세계에서 성적이 안 좋은 팀 감독은 유지되고 상위권 감독이 교체되는 이유는 무엇일까?

참치 좀 먹어 보고, 맥주 좀 마셔 보고

여러 이유가 있겠지만, 큰 이유 중 하나가 '기대감'과 연관이 있다.

비록 성적이 상위권이라고 하더라도 프런트와 팬들의 기대에 상응하는 성적을 만들어 내지 못한다면 감독의 자리에서 내려올 수 있는 것이다. 밀워키 벅스의 '부덴홀저' 감독은 정규 시즌 우승이라는 좋은 결과를 만들어 냈지만, 팬과 프런트는 최종 우승이라는 더 높은 기대를 하고 있었기에 감독의 자리에서 내려오는 결과를 맞게 된 것이다.

주위를 살펴보면, 정규 리그 우승을 만들어 내고도 감독의 자리에서 물러나기도 하고, 최하위 결과를 만들고도 박수와 칭찬을 받는 예도 있다. 또 모두가 부러워하는 좋은 대학 합격에도 만족하지 못하는 사람이 있는가 하면, 서울 인근 대학 합격만으로도 만족하고 기뻐하는 사람이 있는 것이다. 이처럼 누구나 한 번쯤 좋은 결과를 기대했다가 큰 실망을 하기도 하고 별 기대 안 했는데 나쁘지 않은 결과에 크게 기뻐한 경험이 있을 것이다.

결과적으로 삶의 만족은 좋은 결과와 연관성이 높은 것이 아니라, 그 결과가 기대 수준보다 높은가와 관련성이 높다고 할 수 있다. 그래서 삶의 만족도를 높이기 위해 기대감을 컨트롤하는 것은 매우 중요하다. 기대감을 컨트롤하는 것은 단순히 기대감을 낮추는 것과는 다르다. 무작정 기대감을 낮춰 결과가 기대감 위에 있다고 해서 마냥 행복할 수는 없다. 너무 낮은 기대감은 성취욕을 떨어뜨릴 수 있기에 기대감을 무작정 낮추기보다 현명하게 컨트롤해야 한다.

그렇다면, 삶의 만족도를 높이면서도 더 큰 꿈을 향한 도전 의식을 갖기 위해 기대감을 컨트롤하는 방법은 무엇일까?

기대감을 현명하게 컨트롤하기 위해 먼저 기대감의 종류를 구분해서 살펴볼 필요가 있다. 기대감은 타인에 대한 기대와 자신에 대한 기대로 나눌 수 있다. 타인에 대한 기대감은 타인에 대한 평가의 기준이 되고 그 평가를 통해 누군가에게는 기쁨과 지지를 보내고 누군가에게는 슬픔과 실망을 하게 된다. 그리고 자신에 대한 기대감은 도전과 동기부여의 시발점이 된다. 자신에 대한 기대감은 자신을 앞으로 나아가게 하는 동력이다. 기대에 못 미친다고 실망하는 타인의 기대감과는 다르다.

결론적으로 기대감을 컨트롤하여 삶의 만족도를 높이는 것은 '타인에 대한 기대는 낮추고, 자신에 대한 기대는 높이는 것'이다. 타인에 대한 기대를 낮춘다는 것은 타인에 대한 자신의 노력과 희생을 객관화하고, 또 잊어야 한다는 것이다. '내가 너에게 어떻게 했는데.'

'회사를 위해 내 청춘을 다 바쳤는데.' 같은 생각을 하게 되면 나의 삶은 타인에 대한 불만족과 서운함으로 채워지게 된다.

반대로 자신에 대한 기대를 높이는 것은, 자신의 자존감을 높이고 더 높은 도전을 하게 한다. 스스로 높은 수준의 기대감을 유지하기 위해서는 그 기대가 이루어졌을 때 얻는 기쁨과 보상을 상상해 보는 것이 필요하다. 명문 대학 이름이 새겨진 점퍼를 입고 축제를 즐기는 모습을 상상하고 고액의 연봉을 받고 자신만의 사무실에서 회의를 주재하는 멋진 모습을 상상해 보자. 그 상상만으로 자신에 대한 기대치를 높일 수 있고 그 기대치는 더 높은 곳을 바라보고 도전하게 할 것이다.

타인에 대한 기대감을 낮게 가짐으로써 만족감은 높이고 자신에 대한 기대감을 높게 가짐으로써 성취감을 높이자.

4.

좋아하는 일을 하고 살 것인가,
잘하는 일을 하고 살 것인가?

"천재는 노력하는 자를 이길 수 없고 노력하는 자는 즐기는 자를 이길 수 없다."라는 말이 있다. 이 말은 자신이 하는 일을 즐길 때 가장 경쟁력이 있다는 뜻일 것이다. 많은 사람이 자신이 좋아하는 일을 하며 살기 원하고, 자신이 좋아하는 일을 하면 결과도 좋을 것이라고 믿는다.

그러나 안타깝게도 대다수 사람이 자신이 좋아하는 것과 상관없는 일을 하고 살고 있고, 자신이 좋아하는 일을 하면서도 좋지 않은 결과 때문에 힘들어하기도 한다. 반대의 경우도 심심찮게 만날 수 있다. 다른 선택지가 없어 떠밀려 시작한 일인데 최고의 자리에 오르기도 하고 그 결과에 만족하며 즐겁게 일하기도 한다. 좋아하는 일을 하는 것이 성공을 보장하는 것도 아니고 좋아하지 않은 일을 한다고 해서 성공이 불가능한 것도 아니다. 최고의 선택은 자신이 좋아하는 일을 하면서 최고의 성과를 만드는 것이고 최악의 선택은 좋아하지 않는 일을 억지로 하면서 결과도 좋지 않은 일이다.

최선과 최악을 제외한 차선의 선택은 어떤 것일까? 좋지 않은 결과지만 자신이 좋아하는 일을 선택하는 것이 맞을까? 아니면 좋아하는 일은 아니었지만 좋은 결과를 만들 수 있는 일을 선택하는 것이 맞을까? 사람마다 다른 선택을 할 수 있고, 같은 선택이어도 다른 결과를 가져올 수 있기에 어떤 선택이 맞는다고 단정하기 어렵다. 다만 어떤 마음가짐으로 선택해야 하고, 그 선택한 것을 위해 어떤 노력을 해야 하는지가 중요하다.

30년 넘는 무명 배우 시간을 견뎌 내고 드라마 〈오징어 게임〉으로 일약 스타가 된 오영수 배우는 인터뷰에서, 연기는 자신이 제일 좋아하는 일이고, 무대에 오르는 일이 즐겁고 행복했다고 이야기했다. 그가 그 긴 무명 배우의 시간을 견뎌 낼 수 있었던 힘은 무대에서 연기하는 즐거움이 이름 없는 배우 생활의 힘듦보다 컸기 때문이었

참치 좀 먹어 보고, 맥주 좀 마셔 보고

다.

반대로 많은 사람이 개그를 좋아해서, 노래를 좋아해서, 게임을 좋아해서 일을 시작했다가 빛을 못 보고 중도 포기하고 자신이 좋아하지 않는 새로운 일을 시작하는 경우를 흔히 볼 수 있다. 좋아해서 시작한 일이지만 실패로 인한 힘듦에 자신이 좋아하는 일을 내려놓고 만다.

그러면 좋아하는 일을 끝까지 하는 사람과 중도에 포기하는 사람의 차이는 무엇일까? 끝까지 견뎌 내는 힘은 어디서 나오는 걸까? 아마도 좋아함의 깊이 차이일 것이다.

오영수 배우처럼 연기 자체를 좋아하는 것은 깊은 좋아함이다. 유명 개그맨이 되고 싶어서, 인기 가수가 되고 싶어서 개그와 노래를 좋아하는 것은 얕은 좋아함이다. 깊게 좋아한다는 것은 실패, 성공보다 그 일 자체를 즐기는 것이며, 얕게 좋아한다는 것은 성공 후의 보상에 집중하고 그 결과에 좌지우지되는 것이다. 선택한 일을 좋아하는 것이 깊고 본질적이라면 성공 여부와 상관없이 그 선택은 최선 못지않은 차선의 선택이다.

반대로 좋아하는 일을 한 것은 아니지만 성공을 통해 그 일을 좋아하고 행복감을 느끼는 예도 있다. 나 역시 영업 업무를 좋아서 시작한 것이 아니고 우연히 영업에 발을 디뎠고, 조직에서 맡겨 준 목표를 달성해야 한다는 책임감, 의무감으로 맡은 바 업무에 최선을 다해 왔다. 그렇게 한 해, 한 해 경험이 쌓이고 좋은 성과도 만들고 남들이 부러워하는 위치에 오르면서 영업이 천직이라는 생각도 들고 영업이 재밌다는 생각도 하며 영업이라는 내 일을 즐기게 되었다.

인기 영화배우 손석구 역시 연기를 좋아하거나 배우가 되길 원했던 것은 아니었다고 한다. 어릴 때 꿈은 다큐멘터리 감독이었고 좋아하던 것은 농구였다고 한다. 그러나 지금은 최고의 영화배우로 인기를 누리며 카리스마 넘치는 연기로 호평을 받고 있고 즐기면서 연기를 하고 있다. 국보급 센터 서장훈도 마찬가지다. 야구 선수를 꿈꿨던 그였지만, 농구 팀이 있었던 학교로 전학하며 우연히 시작한 농구로 한국 최고의 선수가 되었고 농구를 숙명처럼 생각하고 좋아하게 되었다고 한다. 좋아했던 일은 아니지만, 점점 그 일을 좋아하고 즐기게 되어 결국 최고의 자리에 오른 사례들이다.

이처럼 일을 즐긴다는 것이, 반드시 성공을 보장하지 않는다. 또 처음에는 그 일을 좋아하지 않았지만, 자신이 일하는 분야에서 성공을 하게 되면 그 일을 사랑하고 즐기게 되기도 한다. 그래서 어떤 일을 하고 살아야 한다는 정답은 없다. 단지 자신이 좋아하는 일이라고 선택한 일을 잘하는 일로, 자신이 잘한다고 생각하는 일을 좋아하는 일로 만드는 것이 필요하다. 그러기 위하여 우리가 점검하고 실천해야 할 일을 제안하고 싶다.

어떤 일을 선택하기 위해 선행되어야 할 것은 '좋아하는 일과 잘하는 일을 객관화하는 것'이다.

취미 수준으로 좋아하는 일을 진짜로 좋아한다고 착각하고 직업으로 선택하려는 사람이 있다. 그리고 실상은 성공 후에 오는 돈과 명예를 좋아하는 것인데 그 일을 좋아한다고 착각하고 그 일을 직업으로 선택하는 사람도 있다. 주변에서 게임이 재미있다고 하니까 프로게이머가 되고 싶다는 사람, 화려한 무대와 고가 수입차를 수십 대 보유하는 래퍼의 삶을 동경하여 가수가 되고 싶다는 사람을 쉽게 만날 수 있다. 그들이 좋아한다고 생각하는 일은 지극히 주관적이다. 프로가 아닌 취미로 좋아하는 것, 성공 뒤에 오는 보상에 집중하여 좋아하는 일을 직업으로 선택하는 것은 신중해야 한다.

일을 잘한다고 하는 부분 역시 객관화가 필요하다. 스스로 노래를 잘한다고 생각하고 경연 대회에 나온 가수 지망생 중에 심사 위원으로부터 동네 가수 수준의 실력이니 취미로 노래하는 것이 좋을 것 같다는 심사평을 듣고 당황하는 것을 종종 볼 수 있다. 그리고 또래보다 악기를 배우는 속도가 조금 빠른 정도로 음악에 소질이 있다고 판단하고 진로를 선택하였다가 중도에 그만두는 사례도 자주 볼 수 있다. 자신의 주관적인 잘함이나 다른 사람과 비교해서 잘하지만, 그 잘함이 탁월하지 않다면 그 일을 직업으로 선택하는 것에 신중할 필요가 있다. 자신이 좋아하는 일을, 자신이 잘하는 일을 객관적으로 판단하는 것은 자신에게 맞는 직업을 선택하기에 앞서 꼭 필요한 과정이다.

선택한 일을 잘하는 일로, 자신이 잘한다고 생각하는 일을 좋아하는 일로 만들기 위해 필요한 것은 자신이 선택한 일을 더 잘하기 위해 노력을 게을리하지 않는 것이다. 좋아하는 것만으로 성공할 수 없고 일의 결과가 안 좋으면 그 일을 계속해서 좋아하기 어렵다. 또한 잘한다는 것은 상대적이어서 노력하지 않고 멈춰 있으면 또 다른 잘하는 사람에게 뒤처지게 된다. 수많은 게으른 천재가 자신의 재능만 믿고 노력을 게을리하여 무대 뒤로 사라지는 것을 볼 수 있다. 잘하는 재능에 노력을 더한다면 성공이라는 달콤한 열매를 맛보게 될 것이고, 성공은 그 일을 좋아하게 할 것이다.

일 자체를 좋아하는지, 성공의 달콤한 열매를 좋아하는지, 좋아하는 것을 객관적으로 냉정하게 들여다보자. 그리고 나의 잘함이 다른 사람과 비교해도 탁월한지 객관적으로 판단해 보자. 객관적으로 판단하였다면 선택한 일의 성공을 위해 쉼 없이 노력하자. 그러면 좋아하는 일을 잘하게 되고, 잘하는 일을 좋아하게 되어 성공의 달콤한 열매를 맛보게 될 것이다.

참치 좀 먹어 보고, 맥주 좀 마셔 보고

5.

적절한 거절이 삶을 윤택하게 한다

적절한 거절은 자기 삶을 윤택하게 만들어 준다.

그러나 거절은 힘들다. 그리고 적절한 거절을 위해서는 용기와 지혜가 필요하다.

거절을 표하는 일은 모든 사람에게 힘든 일이다. 그중에서도 유독 거절을 못 하는 사람들이 있다. 거절 못 하는 사람 대부분은 배려심이 많고 이타적이거나 우유부단하고 소심한 성격의 소유자이다.

'내가 이걸 거절하면 상대방이 얼마나 힘들까?'

'상대방의 부탁을 들어주면 그 사람이 날 좋게 생각하겠지?'

'다른 사람한테 시키는 것보다 내가 희생하는 것이 편하지.' 하는 마음으로 거절하지 못하고 모든 부탁을 수용한다.

가수 겸 배우 이승기가 〈집사부일체〉라는 프로그램에서 오은영 박사에게 털어놓은 에피소드를 보면 그가 얼마나 남을 배려하는 사람이자 거절을 힘들어하는 사람인지 알 수 있다. 이승기는 지인 자녀 돌잔치 초대에 거절을 못 하고 참석하겠다고 대답한 후에 겪은 일화를 소개했다. 지인 자녀 돌잔치와 드라마 마지막 촬영 일자가 겹쳐서 안절부절못하면서 주변 사람에게 불편함을 준 이야기, 구두도 준비가 안 되어서 이동 중에 구두를 사서 돌잔치에 참석했던 이야기 등을 하면서 다른 사람 부탁을 거절하는 것이 자신에게 매우 힘든 일이라고 이야기했다.

함께 일했던 직원 중에 '네이버'라는 별명으로 불리는 직원이 있었다. A 양이 네이버라는 별명으로 불리게 된 것은 많은 직원이 그녀에게 궁금한 것을 질의하고, 부탁하면 사소한 것에서부터 힘든 부탁까지 다 들어주었기 때문이다. '의료 비용 지원 신청 방법', '법인 카드 사용 기준', '서비스 센터 전화번호'와 같은 사소하면서도 귀찮은 부탁에도 A 양은 거절하지 않고 부탁을 들어준다. 또 각자 해야 할 서류 작업이나 근무시간 변경처럼 쉽게 부탁하기 어려운 업무에도 상대방이 불편하게 느낄 것을 걱정하여 부탁을 모두 들어준다.

이승기 씨나 A 양처럼 다른 사람의 부탁을 거절하지 못하는 사람

참치 좀 먹어 보고, 맥주 좀 마셔 보고

은 기본적으로 착하고 이타적인 성격임이 확실하다. 그러나 동시에 소심하고 타인의 평가에 예민할 확률이 높다. 그래서 다른 사람이 불편해하거나 다른 사람으로부터 안 좋은 평가를 듣는 것을 무척 힘들어한다. 그런데 조금만 떨어져서 생각해 보면 다른 사람의 부탁을 거절하지 못하는 것이 결코 자신을 포함한 주위 사람에게 도움이 되는 것은 아니다. 이승기 씨 에피소드처럼 시간을 맞추기 어려운 돌잔치 참석을 위해 드라마 촬영 내내 좌불안석하면서 주변 사람을 불편하게 하고 마지막 기념사진 촬영도 충분히 즐기지 못할 뿐 아니라 매니저를 포함한 사람들이 시간을 맞추기 위해 많은 것을 희생해야 했다. 돌잔치, 드라마 마지막 촬영 모두 집중하기 어렵게 된 것이다.

A 양 사례도 비슷하다. 당연히 자신이 해야 할 일을 A 양에게 부탁하여 도움을 받는 것은 부탁하는 사람에게도 도움이 안 된다. 사내 인트라넷을 찾아보는 등 자신이 직접 노력하면 얼마든지 할 수 있는 일까지 A 양이 대신 해 주다 보면, 부탁하는 사람은 습관이 되어 회사 프로세스에 대해 잘 알지 못하게 되고 혹여나 다른 사람에게 A 양에게 하듯이 부탁하다가 큰 곤욕을 치를 수도 있다.

이승기 씨와 A 양처럼 거절을 힘들어하는 사람이 결국 마주하기 쉬운 것은 자신의 삶이 다른 사람의 부탁으로 채워지는 것이다. 낙

타 발 하나를 천막에 들여 주는 것에서 시작해서 낙타가 아랍 상인의 천막을 차지하는 우화처럼 작은 부탁이 쌓이면 자신의 인생이 잠식된다. 다른 사람의 부탁을 들어주기 위해서는 자신의 '시간, 돈, 에너지' 등을 희생해야 한다. 그런데 우리가 잊지 말아야 할 것은 '시간, 돈, 에너지'는 제한적이라는 것이다. 무한대로 사용할 수 없고 무언가의 희생이 필요하다. 다른 사람의 부탁을 들어주기 위해 나의 휴식을 위한 시간, 나의 미래를 위한 돈, 나의 건강을 위한 에너지를 포기해야 하는 것이다. 그래서 적절한 거절은 나의 삶을 윤택하게 만들기 위해 필요하다.

그러면 적절한 거절은 어떤 식의 거절일까?

성격에 따라 정도의 차이는 있지만 누구에게나 거절은 힘이 든다. 다른 사람이 불편하게 생각하는 것을, 힘들어하는 것을 그리고 나를 싫어하는 마음을 견디어 내야 한다.

이렇게 힘든 마음을 이겨 내고 거절을 하는 데 필요한 것은 상대방의 부탁 '경계'를 구분하는 것이다.

경계를 구분하는 것은, 첫째, "내가 아니면 안 되는 일인가?"를 확인하는 것이다. 상대방의 부탁이 다른 사람도 들어줄 수 있는 일인지 나만 들어줄 수 있는 일인지를 구분해야 한다. 이승기 씨가 지인의

참치 좀 먹어 보고, 맥주 좀 마셔 보고

돌잔치에 가지 않으면 돌잔치가 진행이 안 될 정도로 중요한 상황인지, 단지 마음이 불편하거나 다른 방법으로 대신할 수 있는지 경계를 확실히 해야 한다. 서비스 센터 전화번호를 A 양이 확인해 주지 않으면 확인할 방법이 없는 것인지, 조금 늦지만 직접 확인하거나 다른 사람의 도움을 받을 수 있는지 경계를 확실시해야 한다. 결론적으로 내가 이 부탁을 들어주지 않으면 해결 방법이 없는 부탁은 들어줘야 하고 그 나머지는 정도에 따라 결정하면 되는 것이다.

두 번째로 경계를 구분해야 하는 것은 '부탁한 사람과의 관계'다.
평생 유지해야 할 관계와 비즈니스로 묶인 제한적 관계를 구분해야 한다. 어떤 일이 있어도 평생 함께할 지인이라면 그의 부탁이 나의 삶의 영역을 침범하더라도 나의 시간, 돈, 에너지를 희생할 가치가 있다. 그렇지만 언제 끊어질지 모르는 비즈니스 관계인 사람에게 착한 사람, 배려심 있는 사람이라는 평판을 듣기 위해 나의 삶의 공간을 양보해서는 안 된다.

어떤 부탁을 들어주고 거절할지, 어떤 사람의 부탁을 들어주고 거절할지 경계를 구분한 다음 해야 할 일은 지혜롭게 거절하는 것이다. 거절을 지혜롭게 하는 것은 거절의 경계를 구분하는 것 이상으로 안정적인 인간관계와 자신의 윤택한 삶을 위해 중요하다.

지혜로운 거절의 첫 번째 덕목은 '적절한 시기'에 거절하는 것이다.

부탁하자마자 바로 앞에서 안 된다고 거절하거나 될 것처럼 시간을 끌다가 다른 대안을 찾을 수도 없을 때 거절하는 것은 잘못된 거절의 타이밍이다. 거절의 적절한 타이밍이란 부탁한 사람이 느끼기에 자신의 부탁에 대해 나의 노력과 고민이 충분히 느껴지면서도 다른 대안을 찾을 수 있는 시점을 이야기한다.

"마지막 드라마 촬영이 있긴 한데, 시간 조정이 가능한지 확인하고 알려 드리겠습니다."

"제가 팀장님 지시로 급한 업무 중인데 조금 후에 가능한지 답변해 드리겠습니다."

나는 당신의 부탁을 들어주기 위해 이리저리 고민하고 이런저런 방법을 찾았으나 내 능력이, 내 상황이 그 부탁을 들어주기 어렵다는 것을 상대방이 느끼게 하여야 한다. 그리고 조심해야 할 것은 답변이 너무 늦어 부탁한 사람이 나 대신 다른 대안을 찾을 기회를 놓치지 않게 해야 한다. 때로는 한 시간 내에, 때로는 반나절 내에 자신의 노력을 담은 거절을 해야 한다. 적정한 타이밍은 부탁의 내용과 부탁한 사람의 성향을 고려하여 결정해야 한다.

또 지혜로운 거절의 두 번째 덕목은 부탁한 사람의 입장을 고려하여 표현하는 것이다.

용기를 내 어렵게 부탁했는데 단칼에 "바쁘다, 안 된다."와 같이 부탁한 사람을 배려하지 않는 대답은 되도록 피해야 한다.

"첫 아이의 돌이어서 얼마나 기쁘고 좋으셔요. 저도 꼭 가서 축하해 주고 싶어요."

"영업 현장에서 확인하기 어려워서 도움 요청한 것 충분히 이해됩니다. 가능하면 도와 드리고 싶어요."

설사 상대방의 부탁이 조금 무례하더라도 충분히 그 부탁을 할 수 있고, 나도 그 부탁을 들어주고 싶다는 마음을 전달해야 한다. 그리고 가능하다면 그 부탁의 전체를 들어주기 어렵다면 일부를 들어주는 노력을 보여 주는 것도 상대방의 입장을 고려한 지혜로운 거절의 방법이 될 수 있다.

적절한 거절은 자기 삶을 윤택하게 한다. 거절하지 못하면 자신의 호의는 당연한 일이 되고, 자신은 무엇이든지 부탁해도 되는 만만한 사람이 된다. 지혜로운 거절을 위해 내가 아니면 안 되는 부탁인지, 나와 평생 같이 가야 할 사람의 부탁인지 그 부탁의 경계를 구분하자. 그리고 부탁한 사람의 입장을 배려하는 언어로 너무 빠르지도 늦지도 않은 적절한 시기에 거절을 표현하자. 거절의 용기는 당신 삶의 영역을 다른 사람으로부터 보호해 주고 당신의 삶을 여유 있게 만들어 줄 것이다.

참치 좀 먹어 보고, 맥주 좀 마셔 보고

6.

늘어 간다는 것

사람은 누구나 나이를 먹고 늙어 간다.

모두가 시간의 흐름에 따라 나이를 먹는 것을 피할 수 없다. 또 그 시간의 흐름은 모두에게 공평하다. 갓 돌을 지난 어린 아기든, 구순을 바라보는 노인이든 365일이 지나면 한 살을 먹고, 한 살만큼 나이를 먹어 간다.

나이 듦은 모두에게 공평하지만 늘어 가는 속도는 사람에 따라 다르게 나타난다. 칠순의 나이에도 사십 대 신체 나이를 가진 사람이 있는가 하면, 이십 대 젊은 청년이 오십 대 꼰대 아저씨 마인드를 갖고 있기도 하다. 또 누구는 어느 순간 얼굴과 몸이 갑자기 늙어 버리기도 하고 누구는 구순까지 젊은 감각과 창의력을 유지하기도 한다.

숫자로 표현되는 나이 먹는 것은 모두에게 공평하나 늙음의 속도는 사람에 따라, 시간에 따라 정신적으로 육체적으로 다르게 나타난다.

나이를 먹는 것은 늙어 가는 것이고 늙는다는 것은 '맘과 몸이 점점 굳어지는 것'을 말한다. 몸의 유연성이 떨어지고 굳어질 때 육체는 늙어 가고 있고, 생각이 과거에 얽매이고 남의 조언을 듣기 싫어할 때 정신은 늙어 가고 있다.

몸이 굳어 가는 것은 육체적 늙어 감이다. 밭일, 논일에 딱딱해진 엄마 손을 잡을 때면 '우리 엄마, 많이 늙으셨구나.' 하는 생각을 하게 된다. 오십견으로 인해 왼쪽 어깨를 제대로 올리지도 못하는 나를 보면서 '내가 벌써 이렇게 늙었구나.' 하는 생각이 든다. 나이가 들면서 몸 여기저기 굳어 가고 딱딱해지면서 고장이 나기 시작한다. 또 생각이 과거에 사로잡혀 있고 자기 생각만 옳다고 고집하는 것은 내면의 늙어 감이다. 전철에서 큰 목소리로 전화 통화를 하며 다른 사람에게 피해를 주는 아저씨, 회식 시간 내내 자기 경험을 이야기하느라 다른 사람의 말에 귀를 기울이지 않는 '라떼' 상사, 새로운 아이디어 없이 과거의 방식만을 반복 재탕하는 부장님, 모두가 생각이 늙어 가는 사람들이다.

누구도 시간의 흐름을, 나이 듦을 막을 수도 피할 수 없다.

그러나 몸과 마음이 굳어 가는 정도, 늙어 가는 속도는 사람마다 다르다. 지금도 왕성하게 활동하고 계신 100세가 넘으신 김형석 교수님은 세상을 바라보는 따뜻한 시선과 새로운 지식을 유연하게 받아들이는 젊은 이십 대 마음을 가지고 계신다. 군살 없는 몸매와 유연하고 탄력 있는 피부를 가진 황신혜 배우는 삼십 대 몸을 가진 육십 대 여배우다. 이처럼 몸과 마음의 늙어 가는 정도와 속도 조절은 각자의 몫이다. 시간의 흐름대로 내 몸을, 내 정신을 맡기다 보면 시간의 속도대로 몸과 마음이 늙어 가게 된다.

우리의 늙음을 약하게 그리고 느리게 하는 데 필요한 것은 '몸과 마음의 긴장'이다.

몸과 마음의 긴장이란 그냥 흘러가는 대로 내 맘과 몸을 맡겨 두지 않고 내 주도 아래 두는 것을 의미한다. 마음의 긴장이란 나쁜 감정, 좋지 않은 생각을 들어오는 대로 내버려 두지 않는 것이고, 반대로 새롭고 도전적인 생각을 열린 마음으로 적극적으로 받아들이는 것이다. 몸의 긴장이란 쉽고 편한 움직임에 내 몸을 맡기지 않고, 불편하고 어렵지만 단단하고 건강한 움직임을 하는 것이다.

나이 먹는 대로 늙지 않고 젊음을 유지하기 위하여 마음의 긴장,

몸의 긴장을 위해 필요한 것은 무엇일까?

마음을 늙지 않고 긴장 상태로 두는 데 필요한 것은 '배움'이다. 배우지 않고 과거의 경험에 의존하다 보면 내 생각은 금세 늙어 있다. 금세 꼰대가 되어 버린다. 책을 읽고, 새로운 과학 기기 사용을 도전해 보고 또 젊은이들과 SNS로 소통해 보자. 새로운 자격증에 도전해 보고 외국어를 공부해 보자. 마음이 긴장 속에서 늙을 겨를이 없도록 배움의 삶을 살아 내자.

그리고 몸을 늙지 않고 긴장 상태로 두는 데 필요한 것은 '운동'이다.

운동하지 않으면 몇 년 사이에 힘이 줄고, 순발력이 줄어들고 유연성이 사라진다. 일부러 계단을 오르고 자투리 시간을 이용하여 걸어 보자. 흠뻑 젖을 정도로 땀 흘리며 달리기를 해 보고, 아령을 들고, 턱걸이를 하며 근육 운동을 해 보자. 아침저녁으로 스트레칭으로 하루를 시작하고 마감해 보자. 몸이 긴장 속에서 늙을 겨를이 없도록 운동의 삶을 살아 내자.

배움과 운동으로 마음과 몸에 늘 긴장을 유지하며 시간을 보내다 보면 공평한 시간의 흐름 속에서 불공평한 늙음의 정도와 속도를 경험하게 될 것이다. 항상 배움으로 마음을 긴장시킨 김형석 교수처럼

참치 좀 먹어 보고, 맥주 좀 마셔 보고

항상 운동으로 몸을 긴장시켰던 황신혜 배우처럼 나이 먹는다는 것을 잊고 젊은 이십 대의 정신과 젊은 삼십 대의 몸으로 천천히 늙어 가자.

참치 좀 먹어 보고, 맥주 좀 마셔 보고

7.

인생의 VAR

메시의 축구 황제 대관식으로 대미를 장식한 2022년 카타르 월드컵에서 인상 깊었던 점이 비디오 보조 심판으로 불리는 VAR 시스템의 전격 도입이었다. 이번 월드컵에서 VAR은 최첨단 과학 기술의 집합체로 육안으로 판단하기 어려운 세세한 부분까지 잡아냄으로써 승부에 결정적인 영향을 미쳤다.

VAR이 승부에 영향을 미친 대표적인 경기가 일본과 스페인 경기였다. 일본 선수가 골라인을 나가는 볼을 가까스로 올렸는데 골인이 되면서 골라인 부근에서의 크로스 IN-OUT을 두고 VAR이 이루어졌다. 느린 화면을 보면 분명 아웃으로 보였지만 VAR은 IN을 선언하였고, 이 선언으로 인해 일본은 조 1위로 16강에 진출했고 축구

강호 독일은 예선 탈락의 쓴맛을 봐야 했다. 이 경기를 포함하여 아르헨티나와 사우디 경기의 아르헨티나 두 번째 골에 대한 오프사이드 판정, 헤딩 골이라고 주장했던 호날두의 골이 취소되는 등 역사에 남을 만한 중요한 판정이 VAR에 의해 뒤집히거나 확정되었다.

VAR이라는 첨단 과학이 스포츠 결과에 큰 영향을 미치는 것을 보면서 인생사와 연관해서 몇 가지 엉뚱하면서도 의미 있는 상상을 해 본다.

첫 번째는 'VAR 결과에 대한 절대 신뢰'에 관한 것이다.

자신에게 불리한 심판의 판결이 있을 때마다 득달같이 달려와 항의하던 선수들이 VAR 결정에는 어떠한 항의도 하지 않고, 순순히 그 결정을 수용했다. 마치 VAR이 절대 신이나 되는 것처럼 100% 그 결정을 받아들이는 것이다. 사람의 경험과 판단보다 첨단 과학을 더 신뢰하는 모습이 조금은 씁쓸하면서도 부족한 인간의 능력을 보완하는 과학의 힘이 객관적으로 확인되는 모습을 인정할 수밖에 없었다.

두 번째는 '과거 중요 스포츠 이벤트에 지금의 첨단 과학이 적용되었다면….' 하는 상상을 해 본다. 지금처럼 VAR에 판결을 맡긴다면 1986년 월드컵 당시 마라도나가 손을 이용하여 만들었던 골은 노 골 판정을 받았을 것이고 아르헨티나의 우승도 축구의 신이라 불리는 마라도나의 업적도 지금과는 달라졌을 것이다. 그 외에도 수많은 역사적인 스포츠 결과는 바뀌었을 것이고 그 결과를 만들어 낸 스포츠 영웅의 모습도 바뀌었을 것이다. 우리는 지금까지 인간의 정확하지 않은 판단이 만들어 낸 결과를 믿고 그 잘못된 결과의 영웅을 추앙하고 살아왔다.

세 번째는 '우리 생활의 중요 판단 과정에 VAR이 사용된다면 어떨까?' 하는 엉뚱한 상상을 해 본다. 대통령 후보의 자질을 객관적으로 점수화하여 가장 높은 점수를 받은 사람이 대통령이 된다면, 나의 결혼 상대자를 VAR이 결정해 준다면, 이번 월드컵처럼 그 판단에 순종할까? 그리고 그 결과는 더 정확할까? 몇십 년의 시간이 흐른 뒤에 과학이 어디까지 인간의 판단을 대신할지 알 수 없지만, 지금보다 그 범위가 확대될 것은 분명하다.

사람이 완벽하지 않음을 VAR을 통해 경험하고 인정할 수밖에 없다. 지금 내가 믿고 있는 사실을 VAR로 검증한다면 얼마나 많은 오류가 있을까? VAR이 없는 시절에 손을 이용하여 골을 넣은 마라도나가 영웅이 된 것처럼 우리는 잘못된 사실을 추앙하고 잘못된 주장을 하고 있는지도 모르겠다. 우리가 보는 것이, 우리의 생각이, 나의 주장이, 나의 판단이 다 옳지 않고 항상 맞지 않을 수 있음을 인정하기 위해서는 인생의 VAR을 가동해야 한다.

내가 보는 것이 전부가 아니라는 것을 인정하는 겸손의 VAR,

다른 사람의 의견을 끝까지 듣는 경청의 VAR,

나의 지식의 부족함을 끊임없이 채우는 배움의 VAR을 돌리다 보

면 우리의 삶에서 오판은 줄어들 것이다.

참치 좀 먹어 보고, 맥주 좀 마셔 보고

참치 좀 먹어 보고, 맥주 좀 마셔 보고

8.

재미와 의미

골프가 인기를 얻으면서 방송사마다 앞다투어 골프 프로그램을 방영하고 있다. 프로그램 기획 의도에 따라 어떤 프로그램은 웃음과 재미에 중점을 두기도 하고, 어떤 프로그램은 골프 실력에 더 중점을 두기도 한다. 웃음과 재미를 중점에 두는 프로그램은 요즈음 인기 있는 연예인을 불러 다양한 게임을 섞어 가면서 골프 게임을 진행한다. 반면에 순수 골프에 더 중점을 두는 프로그램은 거의 프로 골퍼 수준의 골프 실력을 갖춘 연예인을 초대하여 골프 경기 중심으로 프로그램을 진행한다.

골프라는 메인 소재는 같지만 추구하는 방향은 크게 다르다. 그렇다 보니 시청자들의 반응도 엇갈린다. 재미 중심의 골프 프로그램의 가장 많은 불만은 골프를 예능처럼 하지 말고 골프 잘 치는 연예인 좀 출연시켜 달라는 것이고, 골프 경기에 중심을 둔 골프 프로그램의 불만은 골프만 치려면 프로 선수들 경기를 보지, 왜 예능 골프 프로그램을 보느냐는 것이다. 대부분 시청자는 골프 경기를 예능에 접목한 만큼 예능이 주는 재미와 함께 수준 높은 골프 실력도 함께 원한다. 하지만 재미와 실력을 다 갖춘 셀럽이 많지 않고 또 스포츠 정신과 웃음 코드가 섞이기도 쉽지 않아서 재미와 실력을 함께 보여 주기 쉽지 않다.

골프 프로그램뿐만 아니라 대부분의 문화 콘텐츠가 작품성과 대중성, 의미와 재미, 다큐멘터리와 예능, 진실과 허구 사이에서 고민하지만 결국에는 어느 한쪽에 치우치기 쉽다. 웃음과 재미, 대중성에 초점을 맞춘 영화 〈범죄도시〉는 재미있고 시원하다는 긍정 평가가 있는가 하면 가볍고 조악하다는 부정적인 평가도 함께한다. 반면 실화를 바탕으로 우리 사회의 어두운 면을 표현한 〈다음 소희〉라는 영화는, 영화 평론가들의 극찬과 많은 영화제에서 상을 받음으로써 영화의 작품성을 인정받았지만, 관객에게는 철저히 외면받았다. 〈다음 소희〉의 흥행 실패 원인은 여러 가지가 있겠지만 대중이 쉽게 접근할 수 있는 재미 요소가 부족했던 점도 그 원인이라 할 수 있다. 이처럼 대중을 상대로 한 문화 콘텐츠는 재미와 의미를 추구하고 그 재미

참치 좀 먹어 보고, 맥주 좀 마셔 보고

와 의미의 정도에 따라 평가가 달라진다.

인간관계도 문화 콘텐츠와 비슷한 면이 있다.

인간관계 맺음을 깊게 들여다보면, 만나서 즐겁고 행복한 재미 중심의 인간관계가 있고 무언가 도움이 되거나 배울 것이 있어서 관계를 유지하는 의미 중심의 인간관계가 있다. 재미와 의미 두 종류의 인간관계 모두, 나름의 이유가 있고 소중하다. 비록 깊은 고민을 나누거나 나의 고민을 해결해 줄 솔루션을 제공해 주지 못하는 관계라도 만남이 유쾌하고 재미있다면 그 인간관계는 충분히 가치가 있다. 또 비록 부담스럽고 유지하기 힘든 인간관계지만 그 관계가 나를 성장시키고 나에게 도움이 되는 인간관계라면 그 관계 역시 충분히 가치가 있다. 이렇듯 모든 인간관계는 그냥 이루어진 것도 쉽게 버릴 것도 없다. 하지만 우리가 가진 시간, 에너지가 유한하므로 무한대로 그 관계를 넓히고 유지하기 쉽지 않다.

그래서 우리는 세 가지 측면에서 정기적으로 자신의 인간관계를 돌아보고 점검해야 한다.

첫 번째는 재미도 의미도 없는 인간관계를 만들고 유지하기 위하여 자신의 시간과 에너지를 낭비하고 있는지 점검해야 한다. 인간의 삶의 질과 행복은 자신이 가진 유한한 시간과 에너지를 어디에 얼마

만큼 사용하는가에 따라 크게 달라진다. 그래서 만나서 즐겁고 행복하고 재미있는 관계이거나 만나서 도움이 되고 배울 것이 있는 의미있는 인간관계를 만들고 유지하는 데 사용해야 한다. 재미도 없고 의미도 없는 인간관계에 한정된 시간과 에너지를 사용하기에, 우리의 시간과 에너지는 너무도 유한하다.

두 번째로 우리가 고민하고 점검해야 할 것은 재미와 의미를 같이 하는 인간관계를 만들고 유지하는 방법이다. 예능 프로그램 〈무한도전〉이나 아카데미상을 받은 영화 〈기생충〉처럼, 재미와 의미, 대중성과 예술성을 겸비한 명품 인간관계를 만들고 유지하는 방법에 대해서 끊임없이 고민하고 노력해야 한다. 상대방의 이야기를 귀담아 들어 주고, 상대방의 농담에 눈높이를 맞춰 맞장구쳐 주고 가볍고 유쾌한 유머를 나눌 수 있는 재미를 주는 사람, 다른 사람의 어려움을 내 일처럼 고민해 주고 방법을 찾아 주고 늘 노력하고 배워 지혜로운 의미 있는 사람, 그런 사람과 관계를 맺는 것이 재미와 의미가 함께 하는 명품 인간관계다.

마지막으로 나는 누군가의 시간과 에너지를 함께할 재미나 의미가 있는 사람인지 점검해야 한다. 재미있게 떠들고 노는 인간관계에 나는 진심인가? 그리고 진정 즐거운가? 누군가에게 도움을 줄 만큼

참치 좀 먹어 보고, 맥주 좀 마셔 보고

지혜롭고 능력이 있는가? 그리고 기쁜 마음으로 돕고 나누는가?

한정된 시간과 에너지를 재미있는 인간관계에 쓰든, 의미 있는 인
간관계에 쓰든 마음을 다할 때 그 재미가 커지고 그 의미가 커진다.
그리고 진심이 모이면 재미와 의미를 다 잡는 인간관계를 만들고 유
지할 수 있다.

참치 좀 먹어 보고, 맥주 좀 마셔 보고

9.

가을에 핀 개나리

가을 산책길에 수줍게 꽃망울을 터뜨린 개나리를 발견했다. 신기하기도 하고, 이상하기도 하여 개나리가 맞는지 확인해 보았다. 꽃이름 검색 앱과 이웃 주민들이 개나리꽃이라고 확인해 주었다. 따스한 봄 햇살과 함께 피는 대표적인 봄꽃 개나리가 가을 길가에 코스모스와 함께 피어 있는 모습이 어색하고 생뚱맞다. 개나리는 부드러운 봄바람, 따스한 봄 햇살과 함께 산책길을 노랗게 물들일 때가 제격인데 가을 산책길의 개나리는 어울리지 않고 생뚱맞다.

인생을 사계절에 비유하면 십 대, 이십 대는 씨앗을 뿌리고 밭을 갈아야 하는 인생의 봄일 것이다. 그리고 뜨거운 햇살 아래 도전하고 넘어지며 다시 일어서야 하는 삼사십 대가 여름, 곡식을 수확하고 저장하며 겨울을 준비해야 하는 오륙십 대가 가을이다. 그리고 내려놓고, 베풀며 물들어 가는 석양을 즐기는 나이, 칠팔십 대가 겨울이다. 학생도, 직장도 모두 사계절 같은 시간의 흐름이 있다. 초등학교 저학년 학생의 학교생활과 고3 학생의 학교생활이 달라야 하고 대리 시절의 직장 생활과 부장 시절의 직장 생활이 달라야 한다.

여러분은 어느 계절을 살고 계십니까?

혹시나 따뜻하다고 계절을 착각하고 가을에 핀 개나리의 모습은 아닐지? 죽을 만큼 열심히 공부해야 할 고3 시절에 대한민국 교육제도의 문제점을 비판하면서 시간을 허비하고 있지는 않은지? 듣고, 빠져 주고, 베풀어야 할 부장의 자리에서 꼬치꼬치 실무의 A~Z를 따지고 비난하면서 자기주장만 하는 김 대리의 모습은 아닌지? 온도가 오르고 계절의 구분이 혼미해져도 개나리는 봄에, 코스모스는 가을에 피는 것이 자연의 순리이다. 실력과 성과가 중요시되고 나이 구분이 희미해지는 시대이지만, 패기만만한 이십 대의 역할과 노련한 오십 대의 역할이 다른 것이 사람이 살아가는 순리가 아닐까?

석양이 물든 산책길을 걸으며 나는 어떤 계절을 살아가고 있을까 고민해 본다. 성년이 된 아이들은 품을 떠나 자기 길을 걷기 시작했고, 직장에서는 살짝 비켜서서 내려놓고 들어 줘야 하는 인생 가을의 시간을 보내고 있다. 인생의 가을에 어울리는 생각, 말, 행동에 대해 고찰해 본다. 인생 가을을 보내고 있는 50대의 생각과 말과 행동은 뜨거운 인생 여름을 보내고 있는 20대의 그것과는 달라야 한다. 인생 가을에 맞는 생각과 말, 행동을 정리해 보고 그것을 행하면서 살아 보려고 한다.

우선, "생각은 최대한 새롭고 단순하게 해야 한다."

과거 경험과 성공에 얽매이지 않는 새롭고 도전적인 생각, 그리고 비틀고 꼬지 않고 있는 그대로 단순하게 생각하며 살아 보려고 한다.

그리고 "말은 적고 조용하게 해야 한다."

공공장소에서 큰 목소리로 불쾌감을 주는 50대가 아니라 위엄 있는 낮은 목소리로 말을 하고 그 말의 횟수는 두 번 듣고 한 번 말하며 살아 보려고 한다.

마지막으로 "행동은 신중하게 해야 한다."

성급하게 달려들고 빠르게 포기하는 것이 아니라 그 발걸음 하나하나, 행동 하나하나에 의미가 담기고 흔적이 남는 행동을 하며 살아 보려고 한다.

새롭고 단순한 생각, 낮은 목소리와 적은 말 그리고 신중한 행동은 내 인생 가을을 가장 멋지고 의미 있게 만들어 줄 것이다.

참치 좀 먹어 보고, 맥주 좀 마셔 보고

10.

다수가 만드는 진실

우리는 점점 진실과 거짓을 판단하기 어려운 시대에 살고 있다.

우리가 진실이라고 믿는 사실이 새로운 증언 때문에 거짓으로 판명되기도 하고, 거짓으로 믿고 있었던 사실이 많은 사람의 오해에 기인했다는 것을 알게 되기도 한다. 과학적 사실조차도 더 발전된 과학 검증을 통해 진실이 아님이 밝혀지기도 한다.

오늘 우리가 진실이라고 믿고 있는 많은 사실이 시간이 흐른 후 거짓으로 판명되는 어이없는 상황을 맞이할 수도 있다. 그리고 진실로 믿고 있는 더 많은 거짓은 영원히 진실이 되기도 한다. 보편타당하고 영원불변의 가치와 진실을 찾기 어려운 혼란스러운 시대에 우리는 진실과 거짓을 어떻게 구분하고 평가해야 할까?

다수의 사람이 진실이라고 믿고 지지하던 사실이 한순간에 거짓으로 판명되며 많은 사람에게 충격을 주었던 대표적인 사례가 황우석 박사의 줄기세포 논문과 걸 그룹 티아라의 왕따 논란이다.

2004년 세계 최초로 인간 배아 복제 및 치료용 줄기세포를 추출하고 배양하는 데 성공했다는 황우석 박사 팀의 논문 발표에 전국이 들끓었다. 정부의 전폭적인 지지와 언론의 검증되지 않은 홍보성 보도는 황우석 박사를 국민 영웅으로 만들었다. 노벨상 수상의 기대감이 하늘을 찔렀고, 불치병, 난치병 환자의 희망으로 추앙되었다. 전국을 강타한 황우석 열풍은 MBC 보도 프로그램 〈PD수첩〉에서 연구에 사용된 난자를 포함한 논문 조작 의문을 제기하면서 진실 공방과 수없이 계속된 선동과 고발, 언론 플레이, 가짜 뉴스로 얼룩졌다. 그러나 여전히 황우석은 영웅 대접을 받았고, MBC는 애국자를 흠집 내는 몰염치한 방송국이라는 의견이 다수가 믿고 싶었던 진실이었다.

그러던 중 진실은 연구를 같이했던, 노성일 미즈메디 병원 이사장의 줄기세포는 없었다는 고백과 줄기세포 사진을 부풀려서 만들었다는 김선종 연구원의 음성 녹음이 방송을 타면서 거짓으로 바뀌었다. 연구 과정에 대한 불신이 커지면서 애국자라는 그에 대한 평가는 희

참치 좀 먹어 보고, 맥주 좀 마셔 보고

대의 사기꾼으로 바뀌기 시작했고, 서울대 진상위원회의 "줄기세포는 없었다."라는 최종 결론과 '한 연구자의 올바르지 못한 연구 태도와 과욕이 부른 논문 조작 사기 사건'이라는 법정 결론이 나오면서 황우석 줄기세포 사태는 진실이 완전히 뒤바뀌었다. 전 국민으로부터 추앙되었던 국민 영웅의 실체는 논문을 조작한, 부끄러움을 외면한 과학자였다.

걸 그룹 티아라의 왕따 사건 역시 정확하지 않은 사실을 진실과 거짓으로 구분하여 확대 선동한 언론과 네티즌들의 무지하지만 강한 힘이 만들어 낸 촌극이라고 할 수 있다.

티아라 왕따 사건은 2012년 당시 최고의 인기를 누리고 있던 걸 그룹 티아라 멤버 다섯 명이 멤버 A 양을 비난하는 트윗을 올리면서 시작되었다. 그리고 갖가지 억측과 조작, 검증되지 않은 언론 기사와 네티즌의 무분별한 퍼 나르기로 인해 엄청난 사회적 이슈가 되었다.

이후에도 기획사 대표의 서투른 언론 대응과 A 양의 그룹 퇴출, 일부 네티즌의 인식 공격성 악의적 짜깁기 등으로 인해 대중은 A 양을 왕따 피해자로, 멤버 다섯 명은 가해자로 인식하게 되었고, 다수의 국민이 그것을 진실로 믿었다. 최고 전성기를 구가하던 티아라는 팬들로부터 급격히 멀어져 갔고 결국은 해체되었다. 그리고 그렇게 국민의 기억 속에서 잊혀 가던 왕따 사건은 당시 티아라 스타일리스트의 폭로로 인해 2017년 재조명되었다.

문자 메시지를 포함한 구체적인 증거와 동료 스태프의 추가 증언을 통해 A 양의 인성과 불성실한 태도를 문제 삼으며 그녀가 왕따 가해자가 아니고, 팀 분위기를 해치는 원인 제공자라고 주장했다. 그 주장은 다시 언론과 대중의 관심을 받으며, A 양에게는 비난의 화살이, 다섯 명의 멤버에게는 동정의 여론이 쏟아졌다. 대중의 지지가 정반대로 바뀐 것이다. 지금도 무엇이 진실인지 정확하지 않지만, 최초 왕따 사건 정황만 인지하고 있는 다수의 사람에게 A 양은 왕따 피해자, 5년 후 스태프의 폭로를 믿는 또 다른 다수의 사람에게 A 양은 팀 해체의 원인 제공자라는 것이 진실이다. 이렇게 동일 사건의 하나의 사실이 시간과 정보에 따라 진실과 거짓으로 뒤바뀔 수 있는 것이다.

두 가지 사례에서 보다시피 우리는 진실과 거짓을 구분하기 어려운 시대를 살아가고 있다.

오늘 진실이라고 믿고 있는 사실이 새로운 검증을 통해 거짓이 되기도 하고, 지금까지 거짓이라고 알고 있던 사실이 고발과 폭로를 통해 진실이 되기도 한다. 사회 문화 환경의 변화, 정치적 역학 관계 변

참치 좀 먹어 보고, 맥주 좀 마셔 보고

화 등 다양한 원인으로 인해 수시로 변하는 진실과 거짓 사이에서 우리는 어떤 태도를 보여야 할까?

우선은 "다수가 바라보고 지지하는 것이 진실이 아닐 수 있음을 염두에 두어야 한다."

왜곡된 시선을 가진 미디어가 만들어 내는 가짜 진실을 구분할 정도로 우리는 지혜롭지 못하다. 다수의 대중은 다른 사람의 시선에 관심을 가지고 다수가 지지하는 것을 진실로 믿고자 한다. 설사 보편타당한 진리라 하더라도 다수의 지지를 받지 못하는 진리 편에 서는 것을 대다수는 불안해한다. 또한 정의롭지 않은 방법으로 만들어졌더라도 다수의 지지를 받는 사실은 진실의 힘이 생기기도 하지만 그 진실이 거짓일 수 있음을 고려하고 판단할 수 있어야 한다. 그래야 거짓 진실, 가짜 사실이 확산하지 않는다.

두 번째는 "거짓 진실과 진짜 진실을 구분할 수 있는 인문학적 소양 고취와 확고한 가치관 수립이 필요하다." 깊은 고민 없이 이리 휩쓸리고 저리 휩쓸려서 '좋아요'를 남발하는 다수가 되기보다는 내 의견 하나, 내 한 표를, 가치 있게 사용할 수 있는 단단한 내면을 만들어야 한다. 그러기 위해서는 나와 의견이 다른 사람의 말을 끝까지 들어야 하고, 가볍고 부드러운 사고와 판단에 매몰되지 않고 무겁고 딱딱한 사고와 판단을 연습하고 적응해야 한다. 복잡하고 어려운 사실을 판단할 수 있는 지식과 경험이 진실과 거짓을 구분할 수 있게 한다.

오늘 내가 믿고 있는 진리가 진실이 아닐 수 있다면 나의 목소리는 지금보다 더 작아져야 하고 복잡하고 어려운 사실 속에서 진실과 거짓을 구분할 실력을 갖추려면 더 공부해야 하고 더 깊게 성찰해야 한다.

참치 좀 먹어 보고, 맥주 좀 마셔 보고

11.

꺾이지 않는 마음

"중요한 것은 꺾이지 않는 마음이다."

2022년 월드컵 16강 진출을 이뤄 낸 축구 국가 대표 경기 영상 속에 자주 등장했던 문구다. 16강 진출 가능성이 낮은 어려운 상황에서 끝까지 포기하지 않는 정신력으로 우승 후보 포르투갈을 물리치고 승리를 이끌어 낸 국가 대표 선수들의 정신력을 높이 사기 위해 인용된 말이다.

"99도까지 온도를 열심히 올려놓아도 마지막 1도를 넘기지 못하면 물은 영원히 끓지 못한다. 물을 끓이는 것은 마지막 1도이다. 포기하고 싶은 바로 그 1도를 참아 내는 것이다."

김연아 선수도 승리 후 인터뷰에서 포기하고 싶은 수많은 순간을 이겨 내고 다시 일어서서 마지막 1도까지 최선을 다한 자신의 심정을 이야기했다.

꺾이지 않는 마음, 마지막 1도까지 포기하지 않는 마음이 값진 승리, 최고의 자리를 만든다. 짜릿한 승리 뒤에는, 감동의 성공 뒤에는 끝까지 포기하지 않는 인내와 집념이 있다.

스포츠 경기에서 극적인 승리와 위대한 영웅의 성공 신화 뒤에는 '꺾이지 않는 마음', '마지막 1도까지 끓이고 짜낸' 인내와 포기하지 않는 정신이 있다. 2018년 러시아 월드컵에서 세계 랭킹 1위 독일을 이긴 한국 축구 대표 팀의 승리 뒤에는 마지막 1분까지 포기하지 않고 뛰고 달린 선수들의 집념이 있었다. 수많은 실패와 고난 속에서도 최고령 대통령에 오르고 노벨 평화상을 수상한 김대중 대통령의 당선 뒤에는 고난을 이겨 내고 실패를 이겨 낸 목표 의식이 있었다. 21세기 혁신의 아이콘이자 아이폰을 만들어 낸 스티브 잡스 역시 수많은 사람의 손가락질과 좌절을 이겨 내고 세계 최대 IT 기업 애플을 이룰 수 있었다.

승리와 성공의 열매는 달콤하다. 그러나 모두가 그 달콤함을 맛보는 것은 아니다. 수많은 실패를 이겨 내고 승리를 향하여, 정상을 향하여 포기하지 않고 마지막 1분을, 마지막 한 걸음을, 마지막 1도를

끓인 사람만이 그 달콤함을 맛볼 수 있다. 그러나 안타깝게도 99%
사람이 마지막 1도의 고비를 넘지 못하고 꺾이고 포기한다. 그리고
포기의 결과는 때로는 너무 쓰고 힘들다.

주위를 돌아보자.

공무원 시험에 몇 년 동안 도전했다가 계속된 불합격 결과에 결국
은 포기하고 어쩔 수 없이 아버지 가게 일을 돕는 수험생, 서로 사랑
하는 사이지만 부모의 반대에 결국은 헤어짐을 선택한 연인, 수십 번
의 경연 대회 도전 끝에 결국 꿈을 포기한 가수 지망생, 누구에게나
포기했던 순간, 꺾였던 아픔이 있다.

나도 능숙하게 영어로 소통하는 꿈을 꾸고 수십 년 영어 공부를 해
왔지만, 그 목표를 달성하지 못하고 결국은 영어 공부를 포기했다. 조
금 더 한다고 해서 영어를 능숙하게 할 수 없다는 현실 자각이 영어 공
부를 멈추게 했다. 몇 번을 그만두고 싶었지만 '조금만 참자, 다 왔다. 1
년만 더 해 보자.'라고 수차례 마음속으로 다짐하며 영어 공부를 해 왔
지만 결국은 원하는 수준의 영어 회화를 하지 못하고 포기했다. 99%
대다수 사람이 포기의 순간을 경험하고 실패의 쓴맛을 맛본다. 포기의
경험이, 꺾임의 아픔이 있는 99% 사람에게 위로의 말과 도전을 대하는
지혜를 전하고 싶다.

성공이란 열매의 달콤함을 알면서도 많은 사람이 결국은 포기할 수밖에 없는 이유에 대해 생각해 보면, 그 첫 번째 이유는 '자신의 현재 위치를 정확히 알지 못해서 오는 불안감'이 있다.

몇 km만 걸으면 정상에 오른다는 정보가 있다면, 30분만 더 뛰면 종착지에 도착한다는 예측이 가능하다면, 이번 경연만 통과하면 인기 가수가 될 수 있다는 이정표를 볼 수 있다면 훨씬 더 많은 사람이 목표를 향한 경주를 완주할 것이다. 그러나 우리는 지금 내가 끓이는 물이 몇 도로 끓고 있는지 알지 못한다. 이 정도면 될 줄 알았는데, 이번이 마지막이라고 생각했는데, 1분만 더 끓이면 펄펄 물이 끓을 줄 알았는데, 예측과 다른 결과에 지치고 좌절하고 결국은 포기하게 된다.

두 번째 이유는 사람이 가진 '시간과 에너지의 유한함'이다.

몇천만 원만 더 있으면 새로운 사업을 성공시킬 수 있을 것 같은데, 좋은 아이디어와 성공에 대한 자신감이 있더라도 부족한 자본으로 인해 도전을 멈추기도 한다. 나도 모든 것을 내려놓고 하루 24시간 전부를 영어 공부만 할 수 있었다면 능숙하게 대화할 수 있는 수준에 도달할 수 있겠지만, 매일 급하고 중요한 다른 업무에 시간을 사용하다 보니 영어 공부는 후순위로 밀릴 수밖에 없다.

　　　　　　　　참치 좀 먹어 보고, 맥주 좀 마셔 보고

언제 도달할지 모르는 정상을 향하여 어두운 터널을 지나는 사람에게 '꺾이지 않는 마음'을 말하는 것은 너무 무책임한 느낌이 있다. 먹고사는 데 하루 24시간을 사용해도 부족한 사람에게 영어 공부를 포기하지 말라는 말은 너무 현실감 없고 가혹하게 느껴진다. 그들에게 필요한 것은 당신만 꺾이고 당신만 포기하는 것이 아니라 99% 사람이 비슷한 멈춤을 한다는 위로이자 '꺾이지 않는 마음'에 대한 새롭고 다른 해석이다. 꺾여서 포기하는 것은 실패가 아니라 새로운 시작이자 더 큰 도전이라는 다짐이 필요하다. 포기 없이 새로운 도전을 할 수 있겠는가? 좌절 없이 물을 끓일 수 있겠는가? 포기와 좌절이 곧 꺾이지 않는 마음을 만드는 밑거름이라는 재해석이 필요하다.

새로운 도전에서 다시 꺾이지 않고 성공의 열매를 맛보기 위하여 두 가지 방법을 제안해 본다.

첫 번째는 "도전 목표를 구체화하는 것이다."

"경찰 공무원이 된다. 인기 가수가 된다. 영어를 원어민처럼 사용한다."와 같은 추상적인 목표보다는 좀 더 정교하고 구체적인 기간과 단계를 포함한 목표로 변경할 필요가 있다. "3년 이내에 경찰 공무원 시험에 합격한다. 다섯 번 내에 가수 오디션 프로그램에 합격한다. 2년 이내에 영어로 프레젠테이션을 한다."와 같이 기한과 정도를 구체화해야 한다. 기한이 구체화되어 있을 때 목표를 향한 갈망이 커지고, 달성하고 싶은 목표의 정도가 구체화되어 있을 때 불안함이 줄어든다.

두 번째는 "도전 목표의 우선순위를 정하는 것이다."

앞에서도 이야기했듯이 우리의 에너지와 시간은 제한적이다. 한 가지를 하면 다른 한 가지는 멈춰야 한다. 한 가지 도전 목표에 자신이 가진 능력, 돈, 사람을 너무 많이 써 버리면 다른 도전에 사용할 시간과 에너지가 부족하다. 어떤 도전에 자신의 시간과 에너지를 사용할지 우선순위를 정하면 어떤 것은 30도에서 어떤 목표는 50도에서, 어떤 것은 99도에서 멈추는 시행착오가 줄어든다. 그러면 적어도 우선순위에 있는 한두 개의 도전 목표는 자신이 가진 에너지와 시간으로 달성할 수 있을 것이다.

도전 목표를 구체화하고 도전 목표의 우선순위를 정하여 꺾이지 않고 노력한다면 목표의 달성이라는 성공을 맛보게 될 것이다.

참치 좀 먹어 보고, 맥주 좀 마셔 보고

12.

말의 힘

말에는 힘이 있다.

말에는 생명이 있다.

이적의 노래 〈말하는 대로〉와 같이, 말하는 대로 이루어지게 하는 힘이 말에 있다. 어렸을 때 들어 상처가 되었던 말을 팔십 평생 마음속에 담고 살기도 하고, 선생님의 잘한다는 칭찬의 말 한마디에 진로를 바꾸고 꿈을 이룬 사람도 있다. 우리는 말의 중요성을 알면서도 말을 쉽게 그리고 거칠게 한다. 습관적으로 뱉은 부정적인 말로 인해 많은 것을 잃기도 하고 다른 사람에게 상처를 주기도 한다. 때로는 생각 없이 던진 말로 인해 관계가 멀어지고 소중한 사람을 잃기도 한다.

말은 그 사람의 품격을 담아내는 그릇이다. 그리고 말은 그 사람의 삶의 발자취다. 긴 시간 맘과 몸과 입에 밴 습관이다.

아이들이 대학생 된 후에 아내와 단둘이 있는 시간이 많다. 자연스럽게 둘이서 이런저런 대화를 나누는 시간이 많아졌다. 대화 중에 무심코 어렸을 때부터 입에 밴 부정적인 언어 습관이 툭툭 나오는 나를 보고 아내가 조심스럽게 조언해 주었다.

"부정적인 단어를 사용하면 말하는 대로 되니 가능하면 긍정적인 단어를 사용해요." 그리고 내가 부정적인 말이 현실이 된 사례를 들어 주었다. 작년부터 골프에서 가끔 생크가 나기 시작했는데 누구나 가끔 나오는 실수 중 하나인 '생크'를 내가 '생크병'이라고 부르면서 정말로 병에 걸린 사람처럼 골프 슬럼프가 찾아왔다고 설명했다. 골프를 하다 보면 누구에게나 나오는 실수 가운데 하나가 생크인데 그것을 병이라고 부르는 나의 부정적인 언어 습관이 작은 실수를 큰 잘못으로 만들었다는 것이다. 또 일상의 작은 문제에도 "큰일 났다, 망했다."라는 말을 습관적으로 사용하는 것에 대해서도 고치면 좋겠다고 덧붙였다. 의식하지 못하고 사용하고 있는 부정적이고 안 좋은 언어 습관이 나의 삶에 영향을 미치고 있다는 것이 아내의 조언이었다.

참치 좀 먹어 보고, 맥주 좀 마셔 보고

나와 다르게 듣는 사람을 기분을 좋게 하고 힘을 주는 긍정의 언어를 사용하는 사람들이 주변에 있다. 회사 후배인 A 양은 많은 사람에게 긍정 에너지를 전해 주는 말씨를 가지고 있다. 그녀와 대화를 나누면 참 유쾌하다. 그리고 기분이 좋아지고 자신감이 생긴다. 유심히 그녀가 자주 사용하는 단어를 메모해 보았다.

"덕분에, 응원한다, 가슴이 따뜻하다, 너무 힘이 돼요, 충분히 멋져요." 듣는 사람을 배려하는 단어와 힘을 주는 긍정적인 언어가 주를 이룬다. 그리고 그 언어에 진심이 있다. 갑작스럽게 회사로부터 퇴직 통보를 듣고 낙담해 있던 나에게 "상무님 실력이야 유명하니, 곧 러브 콜이 쏟아질 거예요. 준비하세요~~"라는 메시지로 자신감을 부어 주었다. 그리고 그녀의 말대로 나는 얼마 지나지 않아 ㈜골든블루라는 좋은 회사에서 일을 시작하게 되었다. 그녀의 말은 듣는 사람에게 힘을 주고 기분을 좋게 만든다.

또 선배 지인으로 알게 된 B 씨 역시 말본새가 너무 멋지다. 그는 칭찬의 대가다. 어떤 상황에서도 칭찬거리를 찾는다. 잘 알지 못하는 사람에게도, 특별히 칭찬할 만한 행동을 하지 않은 사람에게도 칭찬을 자연스럽고 구체적으로 한다. 아홉의 불평이 있는 상황에서도, 아홉의 문제를 가지고 있는 사람에게도 하나의 칭찬거리를 찾아 표현한다. 퉁명스럽고 짜증스럽게 행동하는 골프장 캐디에게 싫은 말을 하기보다는 "참 기억력이 좋아요. 금세 저희 이름을 다 기억했네요." 라며 거의 유일하다 싶은 장점을 찾아 칭찬한다. 동반자 모두가 캐디의 불쾌한 태도에 언짢은 느낌이 들 때 B 씨는 캐디의 장점을 찾아 칭찬한다. 칭찬은 고래도 춤추게 한다는 말처럼 툴툴대면서 불친절했던 캐디가 B 씨의 칭찬 이후에 조금씩 친절하게 변한 것은 놀랍지 않았다.

몇 년 전 한글날 특집으로 〈말의 힘〉이라는 제목으로 말에 따른 사물의 변화를 실험한 다큐멘터리가 방영되었다. 갓 지은 밥을 유리병에 담아 한쪽에는 "사랑합니다, 고맙습니다, 예쁘다."와 같은 좋은 말을 하고 다른 쪽 병에는 "짜증 나, 싫어, 못생겼어."와 같은 나쁜 말을 하는 실험을 했다. 4주 후 두 개 병의 결과는 너무 달랐다. "사랑해."와 같은 좋은 말을 들려주었던 병에는 구수한 누룩 냄새가 나는 하얀 곰팡이가 자라났지만, "짜증 나."와 같은 나쁜 말을 들려주었던 병에는 시커먼 곰팡이와 함께 악취가 진동하였다. 습기와 온도 등 모든 조건은 같고 유일하게 좋은 말과 나쁜 말을 다르게 한 것뿐이었는데 결과는 완전히 다르게 나타난 것이다.

이처럼 사람의 말은 힘이 있고 생명이 길다.

갓 지은 밥도 사람의 말에 따라 다른 반응을 보이는 것을 보면 감정의 동물인 사람은 말에 훨씬 큰 영향을 받는다는 것을 짐작할 수 있다. 한 사람의 유쾌하고 기분 좋은 말에 하루가 즐겁기도 하고 한 사람의 작은 칭찬에 여러 사람이 용기와 위안을 얻기도 한다. 또 자신을 깎아내리는 말에 자존감이 한없이 떨어지기도 하고 말로 걱정하고 짜증 내던 일이 현실로 내 곁에 오기도 한다. 우리는 모두 말을 바르고 예쁘게 하려고 노력해야 하고, 노력하고 있다.

그러나 말은 습관이어서 한번 입에 밴 말본새를 고치기가 쉽지 않다. 특히 안 좋은 말은 더 고치기가 쉽지 않다. '비난, 짜증, 핑계, 욕' 등 안 좋은 말은 쉽게 익혀지고 잘 고쳐지지 않는다. 나는 늘 걱정하는 말을 입에 달고 산다. 그리고 남을 평가하는 안 좋은 언어 습관이 입에 배어 있다. 그래서 다른 사람을 힘 나게 하는 말을 자연스럽게 하는 사람을 보면 부럽다. 그런 사람들 대부분은 어렸을 때 부모에게 좋은 언어 습관을 물려받은 사람들이다. 그래서 나도 자식에게 좋은 언어 습관을 물려주기 위해 노력해 보지만 쉽지 않다. 어느새 나의 언어 습관을 따라 하는 아들, 딸을 보게 된다. 그래서 나부터 말본새를 바꾸기 위하여 아래 두 가지를 실천해 보고 있다.

첫째는 "모임에서의 나의 대화를 녹음해서 들어 보는 것이다."

나의 말하는 방식, 자주 사용하는 단어 등을 객관적으로 들어 보면 너무 민망해서 얼굴이 화끈거린다. 목소리가 크고, 말이 많고, 말에 품위가 없다. 점수를 준다면 낙제점이다. 녹음된 나의 말하기를 듣고 나니 어떤 모임에서도 말하기가 조심스럽다. 그리고 말하기보다 듣기에 집중하게 된다. 적게 말하다 보니 나쁜 말도, 말실수도 줄어든다.

두 번째는 "다른 사람한테서 들은 기분 좋은 말을 메모하고 직접 적용해 보는 것이다."

"덕분에, 잘될 거야. 잘하고 있어." 등 타인의 좋은 말을 메모하고 그 좋은 말을 입에 배게 하려고 일부러 사용하는 훈련을 한다. 그러다 보니 다른 사람의 좋은 말을 찾기 위해 경청하게 되는 장점도 있다. 그리고 좋은 말, 예쁜 말을 하는 사람과 더 많은 시간을 함께하다 보니 대화가 늘 즐겁다.

말에는 힘이 있고 생명이 길다. 그래서 갓 지은 밥에도 상반된 색깔로 냄새를 가진 곰팡이를 자라게 한다. 좋은 말을 하면 내 인생이 행복해진다. 그리고 좋은 말을 하면 주변에 좋은 사람이 모이게 된다. 좋은 말을 습관화하기 위해 내 말하기를 점검해 보고 다른 사람의 좋은 말본새를 따라 해 보자. 언어 습관의 변화가 나의 삶을 변화시킨다.

참치 좀 먹어 보고, 맥주 좀 마셔 보고

참치 좀 먹어 보고, 맥주 좀 마셔 보고

13.

빛나는 일출, 물든 일몰

　매년 1월 1일이면 일출 명당자리는 일출을 구경하려는 사람으로 인산인해를 이룬다.

　떠오르는 해를 선명하게 볼 수 있는 바닷가의 커피숍 창가는 꽤 비싼 가격에 팔리고, 일출을 볼 수 있는 호텔 방은 평상시보다 높은 가격에도 예약이 쉽지 않다. 매일 떠오르는 태양은 똑같지만, 한 해 첫날의 태양은 많은 사람에게 특별하고 다른 의미로 떠오른다. 누구에게는 새로운 시작의, 누구에게는 어려운 도전의, 누구에게는 부푼 희망의 태양이다.

　첫해의 태양은 부끄러운 연인처럼 수평선 너머로 엷은 붉은 살을 보여 주더니 어느새 바다 물결 위를 반짝반짝 물들인다. 지평선 너머

로, 산봉우리 사이로 살며시 보이던 태양은 눈 깜짝할 사이에 온 땅과 산을 밝고 붉게 물들인다. 새해 첫날 일출의 감동은 눈 깜짝할 사이에 우리 곁을 떠난다. 그다음 날도 그다음 달도 똑같은 태양이 떠오르지만, 새해 첫날의 설렘과 감동과 같지 않다. 점점 무덤덤해져서 태양이 뜨고 지는 것이 일상이 되어 간다.

겨울 오후의 칼바람을 피해 들어간 커피숍 창가에서 우연히 뉘엿 뉘엿 넘어가는 석양이 눈에 들어온다. 산책길 갈대밭 사이로 붉게 강물을 물들이며 서서히 수평선 아래로 얼굴을 감추는 석양의 아름다움이 갑자기 다가온다. 매일 뜨고 지는 태양인데 유독 지는 태양이 눈에 들어올 때가 있다. 새해 첫날 일출처럼 기다림도, 반김도, 환호도 없지만 빛나게 세상을 비추다가 열심히 산과 강을 물들이다가 소리 없이 지평선 너머로, 수평선 너머로, 산 너머로 시나브로 모습을 감춘다.

일출은 모습을 보이기 전까지 우리의 애를 태운다. 서서히 붉은색을 더하며 보일 듯 보일 듯 한참이나 애를 태우다 수줍게 모습을 보여 준다. 그리고 얼굴을 보이자마자 쌩하고 높이 올라 빛을 발하기 시작한다.

참치 좀 먹어 보고, 맥주 좀 마셔 보고

그러나 일몰은 일출과는 다른 모양과 의미다. 세상을 온종일 비추다가 점점 빛을 잃어 가면서 한순간 가장 붉은빛을 드러낸다. 소리 없이 천천히 마지막 불꽃으로 세상을 물들인다. 헤어지기 싫은 연인처럼 천천히 마지막 불꽃을 강물 위로, 갈대밭 사이로, 산허리에 물들인다. 그러다 힘이 다한 배터리처럼 조용히 강 너머로, 땅 아래로 스르르 모습을 감춘다.

사람의 인생에도 일출이 있고 일몰이 있다.

한 생명의 탄생 앞에 기쁨과 환호가 있다. 생명의 위대함에 감동하고 그 생명이 만들어 낼 빛날 세상에 대한 기대가 있다.

새로운 출발 앞에 꿈이 있고 희망이 있다. 어린아이가 학생이 되는 시작에 높은 꿈이 있고, 평생의 짝을 찾아 결혼하는 젊은 청춘 앞에 큰 희망이 있다. 회사에 취직할 때, 사업을 시작할 때 성공에 대한 기대와 희망이 있다.

일출의 환호가 금세 숨어들듯 우리 삶의 꿈도, 기대도 새롭게 시작한 지 얼마 지나지 않아 작아지고 줄어들고 없어진다. 일출의 환희가, 둥근 해가 수평선 위로 수줍게 얼굴을 내밀기 시작해서 물 위에 몸을 완전히 드러내면 잦아드는 것처럼 인생에서 새로운 시작의 기대와 결심은 얼마 지나지 않아 반복된 일상과 크고 작은 실패와 고난

앞에 무뎌지고 흐려진다.

한 가정의 축복의 선물이었던 귀한 아들, 딸이 시간이 지나며 애물단지가 되기도 하고, 평생 이 사람 없이는 못 살 것 같아 했던 결혼인데 몇 년이 안 되어 서로의 소중함을 잃고 원수처럼, 남남처럼 살기도 한다. 직장 생활을 시작할 때, 사업을 시작할 때 가졌던 부푼 꿈도 힘든 업무와 좋지 않은 실적 앞에 얼마 지나지 않아 퇴색된다. 희망으로 시작한 초등학생이 열심히 공부하고 시험을 치르고 졸업하면서 어느새 중학생이 되고, 또 고등학생, 대학생이 되고 배움을 마무리하는 학교생활 일몰을 맞게 된다. 기대감으로 시작한 회사 생활도 경쟁, 승진, 이동을 반복하면서, 어느새 일을 마무리해야 하는 시간을 맞이하게 된다. 사랑으로 시작한 결혼 생활 역시 자식을 낳고 키우고 다투고 화해하는 시간을 반복하다가 때로는 이혼으로, 때로는 죽음을 통해 결혼 생활의 일몰을 맞이하게 된다.

우리의 인생 마디마디의 시작은 일출의 모습과 닮았다. 환희와 희망이 있다. 그러나 그 환희와 희망을 금세 잃고, 일상에 묻혀 뒤를 돌아볼 틈도 없이 그 시작의 기쁨을 망각한 채 살아간다. 우리 인생 마디마디의 마무리는 일몰의 모습과 닮았다. 예기치 못한 상황에 갑자기 우리를 찾아온다. 그리고 빛을 잃어 가는 자신을 보게 한다.

참치 좀 먹어 보고, 맥주 좀 마셔 보고

일출처럼 환희와 기쁨으로 시작했던 인생 마디마디의 시작을 더 길게, 더 빛나게 유지하기 위하여 우리는 어떤 삶을 살아야 할까? 또 시나브로 우리 곁을 찾아올 인생 일몰을 어떻게 받아들여야 할까?

해는 자신을 태워서 세상을 비추고, 자신을 태워서 세상을 데운다. 해가 주목받을 때는 떠오르는 순간에 지나지 않는다. 떠오른 다음에는 세상을 비추고 데우는 일에 집중한다. 자신이 주목받기 위해서 주위를 둘러보며 길을 잃거나 멈춰서는 안 된다. 꾸준히 자신을 태워서 빛과 열을 만드는 해처럼 새롭게 시작한 인생 마디마디 일출의 때에 우리가 해야 할 것은 자신을 태우는 것이다. 좌고우면하지 않고, 새롭게 시작한 학교생활, 직장 생활, 사업, 가정에 최선을 다할 때 자신도 빛나고 세상도 데울 수 있다.

그리고 갑작스럽게 찾아온 인생 일몰의 순간에 우리가 할 일은 편안하게 그 순간을 받아들이는 것이다.

억지로 더 뜨거워지려고, 더 빛을 내려고 애를 쓸 필요가 없다. 마무리 순간에 애를 쓴다고 해서 이룰 수 있는 것도 많지 않고, 그 결과도 아름답지 않을 수 있다. 인생 일몰의 순간은 막을 수도 잡을 수도 없음을 인정하고 받아들여야 한다.

인생 마디마디의 계획은 일출의 화려함처럼 크고 높게 잡자. 그리고 우리의 시간과 열정을 꿈을 이루는 데 모두 태워 보자. 그 노력이, 그 열정이 다른 사람을 비추고 데워서 칭찬받고, 존경받는 삶이었다면 더할 나위 없는 인생이었다고 말할 수 있을 것이다. 그렇지 못하더라도 적어도 자신은 빛나고 태워졌을 것이다. 그런 삶을 살다가 더 이상 태울 것이 없을 때 슬며시 찾아온 인생 일몰은 이미 붉게 아름답게 물들어 있을 것이다. 그런 일몰도 아름답고 충분히 의미 있다.

참치 좀 먹어 보고, 맥주 좀 마셔 보고

참치 좀 먹어 보고, 맥주 좀 마셔 보고

14.

마스크를 벗는 것이 속옷을 벗는 것 같은

　마스크 착용이 의무화된 코로나19 3년 동안, 우리에게 마스크는 때로는 의복처럼, 때로는 안경처럼 생활의 필수품이자 액세서리 역할을 해 왔다.

　2023년 1월 실내 마스크 착용이 의무에서 권고로 바뀌면서 공식적으로 마스크를 벗을 수 있게 되었다. 마스크 착용 해제에 따른 사람들의 반응은 다양하다. 마스크 착용이 익숙하고 다른 사람에게 피해를 주지 않기 위해 계속 착용하겠다는 사람과 마스크 착용으로 인해 답답했던 숨쉬기와 정확하지 않은 의사 전달 해결을 위해 마스크를 벗겠다는 사람, 그리고 다른 사람이 어떻게 하는지 상황을 보고 판단하겠다는 사람들로 나누어진다.

그런데 마스크 미착용이 공식화된 이후에도 여전히 마스크를 쓰고 있는 사람이 꽤 많다. 마스크를 착용했을 때 발생하는 피부 트러블이나 호흡곤란, 정확하지 않은 의사 전달 등의 단점에도 불구하고 마스크를 벗지 않는 이유에 대해 언론들은 다양한 분석을 내놓고 있다.

《뉴욕 타임스》는 한국과 일본 등 아시아 국가들이 마스크 착용을 선호하는 이유를 크게 두 가지로 설명하고 있다. 코로나19 이전에 발생한 사스와 메르스 때부터 마스크 쓰기가 습관화되었던 것이 그 첫 번째 이유이고, 다른 사람의 건강을 신경 쓰고 피해를 주기 싫어하는 타인을 배려하는 마음을 두 번째 이유로 뽑았다. 그리고 추가 의견으로 화장을 안 해도 되는 것과 미세 먼지 때문에 마스크를 쓰는 것 등이 있었다.

어느 정도 동의할 수 있는 분석이지만 불편함을 감내하면서까지 마스크 쓰기를 고수하는 이유에 대한 충분한 설명은 아니다. 위의 분석 이유와 더불어 유독 심하게 다른 사람의 시선을 신경 쓰고 자신의 약점을 감추려는 한국과 일본인의 특별한 정서가 자리 잡고 있다.

마스크를 벗지 않는 이유를 물은 인터뷰에서 어떤 학생은 마스크를 벗는 것을 속옷을 벗는 것에 비유했다. 또 어떤 학생은 마스크 쓴

모습만 보여 주었던 반 친구에게 자기 얼굴을 보여 주기 싫다고 했다고 했다. '마기꾼'이라는 용어처럼 마스크 속에 못생긴 얼굴을 감춘 사람은 물론이고 객관적으로 예쁘고 잘생긴 사람조차도 마스크 속에 얼굴을 감추고 드러내기 싫어한다.

벗을 수 있는데도 계속해서 마스크를 쓰고 있는 우리 마음속에는 자신을 스스로 못생겼다고 생각하는 '낮은 자존감'이 있고, 부족함을 드러내지 못하는 '용기 없음'이 있다.

마스크 속에 얼굴을 감추는 것과 같이 자기 삶을 이런저런 이유로 이런저런 방법으로 숨기고 사는 사람이 많다. 객관적으로 예쁘고 멋진데 자신보다 예쁜 상위 1% 사람과 자신을 비교하면서 자기 외모를 깎아내린다. 또 충분히 칭찬할 만한 훌륭한 역량과 좋은 성과를 가졌음에도 다른 사람과 비교하면서 부족하다고 자신을 깎아내리기도 한다. 또 자신의 부족함을 인정하지 못하고 감추고 숨기기에 여념이 없는 사람이 많다.

같이 일했던 직원 중에 매사에 자신이 없고 자신의 역량을 평가절하하는 사람이 있었다. 새로운 일을 주면 한 번도 안 해 봐서 자신이 없다고 한다. 또 어떤 일은 실수할 것이 걱정되어 못 하겠다고 하고 또 어떤 일은 처음 보는 사람과 함께 하는 것이 불편해서 싫다고 한다. 또 어쩌다 중요한 일을 맡기면 책임이 무겁다고 그 일을 하지 않겠다고 한다. 기존에 해 왔던 익숙하고 쉬운 일만 하려고 한다. 스스로 자신을 부족하고 약한 존재로 규정하고 앞으로 나아가지 않고 쉽고 편안한 일 뒤에 숨으려고 한다.

그 직원에게 새로운 업무를 주고 실패해도 괜찮다고 격려해 주며 새로운 일에 도전해 보라고 권면했다. 처음에는 조금 어설프고 당황하는 모습이었지만 금방 그 업무에 적응하고 좋은 결과를 만들어 냈다. 그는 스스로의 평가처럼 실력이 없거나 부족한 사람이 아니었다. 훌륭한 실력을 갖추고 있었는데도 자신의 실력을 깎아내리며 안전한 마스크 속에 숨어 있었다.

그리고 어떤 사람은 자신의 약점이나 실수를 누구에게도 알리지 않기 위해 꼭꼭 숨긴다. 가족에게도 회사를 그만둔 것을 알리지 않고 몇 개월씩 회사에 나가는 것처럼 가짜 출근을 하는 사람이 있는가 하면, 심각한 질병을 얻고도 치료에 집중하기보다 다른 사람이 자신의 병에 대해 아는 것을 더 신경 쓰는 사람도 있다. 시험에 실패한 자식도 이혼한 가족도 다른 사람이 알아서는 안 되는 일급비밀이다. 자신의 실패를, 자신의 실수를 다른 사람이 알기라도 하면 그 실패와 실수가 몇 배로 키지는 것으로 생각하고 숨기고 감춘다.

참치 좀 먹어 보고, 맥주 좀 마셔 보고

모두는 아니지만, 상당수 우리 이웃이 조금은 이와 같은 정서를 가지고 있다. 다른 사람과 비교하면서 자신을 한없이 깎아내리거나 자신의 약점과 실수를 숨기고 감추는 데 더 큰 노력과 시간을 사용하는 삶을 살고 있다.

마스크를 벗으면 여러 면에서 편리하다.

숨쉬기도, 대화하기도 편하다. 안경에 끼는 서리를 닦을 필요도 없고, 음식을 먹을 때마다 마스크를 벗었다 썼다 반복할 필요도 없다. 그리고 마스크를 사고 준비할 필요도 없다.

삶에도 과감히 그리고 솔직하게 마스크를 벗을 필요가 있다.

삶 속에서 마스크를 벗기 위해서는, "다른 사람과 비교하지 않는 것이 필요하다."

인스타 속에 널려 있는 수많은 예쁘고 멋진 사람과 비교해서는 결코 충분히 경쟁력 있는 자기 외모를 가린 마스크를 벗을 수 없다. 수억대 연봉을 받는 대기업 임원인 친구와 나를 비교하고 서울대에 합격한 친구 아들과 내 자식을 비교해서는 충분히 좋은 결과에도 마스크를 벗을 수 없다. 자기 외모를 있는 그대로 평가하고 인정할 수 있어야 하고, 자기 능력과 성과를 있는 그대로 받아들일 수 있을 때 마스크를 벗을 수 있다.

또 삶의 마스크를 벗는 데 필요한 것은 "자신의 실패와 실수를 인정하는 것이다."

자신의 실패와 실수를 인정하는 것은 말처럼 쉽지 않다. 굳이 드러내지 않아도 될 상황도 있을 수 있고, 꾸미고 속이면 충분히 드러내지 않고 넘어갈 수 있는 상황에서 굳이 자신의 실패와 실수를 드러낼 필요가 있나 하는 생각을 할 수 있다.

그러나 실패와 실수를 어떤 상황이든 숨기고 인정하지 않기 시작하면 작은 뾰루지 때문에 마스크를 벗지 못하는 것과 같은 상황을 맞게 된다. 치아가 고르지 않아도 입이 예쁘지 않아도 마스크를 벗고 드러낼 때 사람들이 내 진짜 얼굴을 알 수 있고, 다른 사람들이 내 진짜 모습을 알 때 두려움 없이 마스크를 벗을 수 있다.

자신의 실패를 있는 그대로 이야기해 보자. 대학 불합격, 승진 누락, 사업 실패 등은 콧잔등에 있는 작은 점과 같다.

자신의 실수를 있는 그대로 인정하자. 회사의 지침을 잘못 이해한 것, 납품 기일을 놓친 것, 하지 말아야 할 말을 한 것 등을 입술 위의 작은 뾰루지라고 생각하고 인정하고 드러내자.

누구도 그 작은 점에, 눈에 띄지 않는 뾰루지에 관심을 두지 않는다. 삶을 살아가며 맞게 되는 이런저런 실패와 실수는 자세히 봐야

참치 좀 먹어 보고, 맥주 좀 마셔 보고

겨우 보이는 작은 점과 하찮은 뾰루지와 같다. 그걸 숨기기 위해 자기 삶 자체를 가리지 말자.

인정하면 실패는 작아지고 실수는 인정된다.

남과 비교하지 말고, 내 실패와 실수를 인정하자. 그리고 삶의 마스크를 벗고 내 삶을 받아들이고 사랑하자.

15.

잘, 그리고 품위 있게 내려오기

등산을 하다 보면 산에 오르고 내려오는 것이 인생과 많이 닮아 있다는 것을 알 수 있다.

높은 산이든 나지막한 산이든 산 정상을 오르는 것은 모두 힘이 들고 그 산을 오르는 동안에는 푸른 하늘을 올려다보지도 못하고 주변의 화사한 봄꽃도 쳐다보지 않고 숨을 헉헉거리며 오직 정상만 바라보고 발걸음을 내디딘다.

성공을 향한 우리의 여정도 비슷하다. 모두가 부러워하는 큰 성공이든 나지막한 언덕과 같은 작은 성공이든 그 성공을 이루기 위해 많은 것을 포기하고 희생해야 한다. 때론 가족, 친구와 즐거운 시간을 포기해야 하고 때로는 건강을 희생해야 한다. 좋은 대학에 합격하기

위해, 많은 돈을 벌기 위해, 높은 자리에 오르기 위해, 자신이 정상이라고 믿는 곳에 오르기 위해 오직 앞만 보고 달린다.

비 오듯 땀을 흘리고 근육이 찢어질 것 같은 고통을 참고 오른 정상의 풍경은 선택한 산의 위치나 높이에 따라 다른 풍경을 선사한다. 어떤 산 정상은 시원하고 맑은 강줄기를 눈 아래 보여 주기도 하고, 어떤 산은 고층 아파트와 그 속의 사람들을 낮고 작은 존재로 만들기도 한다. 반면에 정상을 알려 주는 표지석 하나만 덩그러니 자리 잡은 초라한 정상도 있고, 여기가 정상이 맞나 하고 새로운 정상을 향해 발걸음을 옮겨야 할 것 같은 평범한 평지 모양의 정상이 있기도 하다.

성공 후에 오는 보상 역시 크기, 모양이 각양각색이다. 넓은 집, 좋은 차와 같은 경제적 여유라는 풍경을 만나기도 하고 다른 사람을 마음대로 움직일 수 있는 권력이라는 이름의 보상을 얻기도 한다. 반대로 성공을 꿈꾸며 상상했던 모습과 전혀 다른 더 큰 책임을 만나기도 하고 큰 질병을 만나기도 한다.

등산과 인생의 또 닮은 점은 누구나 정상에서 내려와야 한다는 것이다. 멋진 풍경을 볼 수 있는 정상이든 덩그러니 표지석 하나 있는

참치 좀 먹어 보고, 맥주 좀 마셔 보고

볼품없는 정상이든 높이와 풍경에 상관없이 모두 하산해야 한다.

인생도 마찬가지다. 노력한 만큼 명예와 영광이 주어지는 정상이든 권한보다 책임이 크고 자신을 희생해야 하는 정상이든 이 역시 예외 없이 내려와야 한다. 누구는 급하게 인증 사진 하나 겨우 찍고 내려와야 하고, 누구는 운 좋게 동반자들과 풍경을 즐기고 막걸리 한잔 기울인 다음에 내려올 수도 있다.

성공의 자리에서 내려오는 일도 비슷하다. 성공의 자리에 오른 것을 실감하기도 전에 무섭게 치고 올라오는 후배에게 바로 자리를 넘겨줘야 하기도 하고, 자식 대학 보내고 노후를 준비할 수 있는 경제적 여유까지 만든 후에 내려오기도 한다. 그러나 분명한 것은, 예외 없이 해가 넘어가기 전에 산에서 내려와야 하고 생명이 다하기 전에 자리에서 내려와야 한다는 것이다.

하산은 산에 오르는 것만큼 힘과 시간이 들지는 않지만 주의하지 않으면 의외의 크고 작은 사고를 만나게 된다. 성공의 자리에서 내려오는 길 역시 성공을 이루기 위해 가는 길보다 힘들고 경쟁이 치열하지는 않지만, 자칫 긴장을 늦추었다가 수렁에 빠질 수 있다.

내려오는 도중 사고가 발생하는 경우를 살펴보면 그 바탕에 '욕심'이 있다.

더 풍경을 즐길 욕심에, 동반자와 더 마시고 이야기하고 싶은 욕심에 하산의 타이밍을 놓치면 하산 길에 어둠을 만나게 되고 그 어둠에서 사고를 당하게 된다. 돈과 권력의 달콤함에 취해 불의한 행동, 불공정한 처신, 무리한 의사 결정을 하다 보면 적이 생기고 좋지 않은 결과가 만들어지면서 사람도 잃고, 건강도 잃고, 명예도 잃게 된다.

또 내려올 때 주의할 점은 "올라갈 때와는 다른 속도와 힘을 사용해야 한다는 것이다."

여전히 정상을 향해, 성공을 향해 앞만 보고 달리는 것처럼 욕심을 가지고, 힘을 주고, 내려오기를 한다면 발을 헛딛거나 길을 잃기 쉽다.

정상에 오르기는 내려오기보다 두 배의 힘이 든다. 정상에 오르기 위해 이미 3분의 2의 힘을 사용하였기에 내려오기에 사용할 수 있는 힘은 3분의 1이다. 그런데 여전히 자신이 충분한 힘을 가졌다고, 능력이 있다고 생각하고 행동하면 사고가 나기 쉽다.

성공한 후에도 휴식과 운동보다 여전히 일에 파묻혀 살다가 건강을 잃는 사람, 가족과 함께하는 시간이 필요한 중년의 나이에 여전히

　참치 좀 먹어 보고, 맥주 좀 마셔 보고

성공을 위해 달리다가 가족과 멀어지는 사람, 늘 일이 우선이고 자리를 지키기 위해 모임에 얼굴 한번 보이지 않아 자신이 필요할 때 손잡아 주는 친구 하나 없는 사람, 우리 주변에는 여전히 산에 오르는 힘으로, 속도로 산에서 내려오기를 하는 사람을 자주 보게 된다. 그들 중 많은 사람의 내려오는 길은 아름답지 못하고 평탄하지 않다.

산 정상에서 잘 내려오고 성공의 자리에서 품위 있게 내려오기 위해서는 "욕심을 내려놓고 내려올 때 힘을 빼야 한다." 그리고 내려오는 타이밍을 놓치지 않아야 한다.

산 정상의 멋진 풍경을 배경으로 사진 한 장 찍고 나면, 맛있는 음식에 막걸리 한잔을 하고 나면, 해가 서쪽을 향해 움직이기 시작하면, 그때가 하산을 준비해야 할 때다.

직원들이 자신과 대화하는 일을 꺼릴 때, 후배들의 성공에 시기하는 마음이 생길 때, 권력을 증명하기 위해 무리한 의사 결정을 할 때, 그때가 자리에서 내려오길 준비해야 하는 시간이다. 산에서 내려오는 타이밍을 놓치면 하산 길에 어둠을 만날 수 있고 그 어둠 속에서 넘어지고 다칠 수도 있다. 자리에서 내려오는 타이밍을 놓치면 떠밀려 자리에서 내려오게 되고 밀려서 내려오면서 상처투성이인 자신을 발견하게 된다.

인생에서 품위 있게 내려온다는 것은 높은 성공의 산을 오르는 것 못지않게 중요하다.

정상에서 내려와서 살아갈 날이 많다. 그 긴 시간을 외롭지 않게, 그리고 의미 있게 살아 내기 위해서는 정상에 머무르고 싶은 욕심을 내려놓고 타이밍 놓치지 말고, 내려오는 길에 여유를 갖고 지금까지 시선을 두지 못했던 것들에 사랑의 시선을 두면서 내려오자.

참치 좀 먹어 보고, 맥주 좀 마셔 보고

맺는 말

부족한 글 읽어 주셔서 감사합니다.

지난 30년 직장 생활의 깨달음이 독자들에게 도움이 되었으면 하는 마음으로 책 출간을 계획했습니다만, 책을 마무리하는 시점에 생각해 보니 이 책의 내용을 제대로 실천하지 못한 사람이 바로 저였다는 생각이 듭니다.

지금까지 그랬던 것처럼 앞으로의 삶 역시 실수 없는 완벽한 시간이 될 수는 없을 것입니다. 그럼에도 매 순간 더 나은 방향과 행동이 무엇인지 고민하며 실천하는 삶을 살아가겠습니다. 지금까지 이런 생각을 정리할 수 있게 시간을 함께한 가족, 그리고 이 책 내용의 추억을 같이해 준 동원F&B, 오비맥주 식구들께 감사를 드립니다. 그리고 앞으로 또 다른 지혜를 경험하고 실천하는 시간을 보낼 ㈜골든블루 식구들에게도 감사 인사를 드립니다.

Good Think(참치 좀 먹어 보고 맥주 좀 마셔본 뒤에)

1판 3쇄 발행 2024년 3월 14일

지은이 김동석

교정 주현강 **편집** 김해진
마케팅·지원 김혜지

펴낸곳 (주)하움출판사 **펴낸이** 문현광

이메일 haum1000@naver.com **홈페이지** haum.kr
블로그 blog.naver.com/haum1007 **인스타** @haum1007

ISBN 979-11-6440-511-4 (03190)